魏后凯 陈立生 主编

杜鑫 覃海珊 副主编

县域发展与共同富裕研讨会
暨第十八届全国社科农经协作网络大会论文集

县域发展
与共同富裕

COUNTY DEVELOPMENT
AND COMMON PROSPERITY

社会科学文献出版社
SOCIAL SCIENCES ACADEMIC PRESS (CHINA)

走全域共富之路

（代序）

  党的二十大报告明确指出"中国式现代化是全体人民共同富裕的现代化"，到 2035 年"全体人民共同富裕取得更为明显的实质性进展"，同时强调要"着力推进城乡融合和区域协调发展"，把全面推进乡村振兴和促进区域协调发展作为加快构建新发展格局、着力推动高质量发展的两大重点任务。[①] 城乡区域协调发展是协调发展理念的核心内容，也是实现全体人民共同富裕的必由之路。人类生产生活离不开空间，对于像中国这样一个人口众多、地域辽阔的大国而言，全体人民是由城乡居民或者各区域居民构成的整体。从空间层面上看，全体人民共同富裕就是城乡居民和各区域居民都要富裕，具体体现为在高质量发展中实现城乡区域共富，即全域共富，既包括城乡之间和区域之间的共富，也包括城市和乡村内部的共富。可以说，全域共富是全体人民共同富裕的题中之义，也是空间体现。在全面建设社会主义现代化国家的新征程中，着力推进城乡区域协调发展，走全域共富之路，对于实现全体人民共同富裕的宏伟目标具有十分重要而深远的意义。

  实现全体人民共同富裕是中国特色社会主义的本质要求，也是一项长期的艰巨任务。总体上讲，共同富裕主要涉及两方面内容，既要"富裕"，也

[①] 习近平：《高举中国特色社会主义伟大旗帜　为全面建设社会主义现代化国家而团结奋斗——在中国共产党第二十次全国代表大会上的报告》，《人民日报》2022 年 10 月 16 日。

要"共享"，要在做大蛋糕的同时分好蛋糕。可以认为，共同富裕既是一种全面富裕和全民共富的状态，也是一个共建共富、逐步共富的长期过程。从全面富裕看，共同富裕的内涵十分丰富，涉及多领域、多维度、多层次，是消除贫富分化基础上的普遍富裕，也是物质富裕和精神富有的有机统一；从全民共富看，共同富裕"不是少数人的富裕，也不是整齐划一的平均主义"，[1]而是全体人民都要富裕，要在提高整体富裕水平的过程中不断缩小居民收入和生活水平差距；从共建共富看，共同富裕需要全民参与和共同建设、共同治理，在共建共治中实现共享共富；从逐步共富看，共同富裕并非是同时富裕，是从部分富裕到整体富裕的长期过程，需要通过先富帮后富、先富带后富的途径，分阶段、有步骤地实现。

简单地说，全域共富就是城乡区域共同富裕，包括城乡共富和区域共富两个方面。共同富裕的核心是缩小三大差距，其中，缩小城乡差距和区域差距既是实现全域共富的目标任务，也是关键途径，而缩小群体差距也需要考虑群体分布的空间特征。事实上，中国的高收入群体主要集中在发达地区和城市，而低收入群体主要集中在欠发达地区和农村。因此，群体差距一定程度上反映为城乡、区域差距。从空间视角看，促进城乡区域协调发展，不断缩小城乡、区域差距，推动实现全域共富，既是实现全体人民共同富裕的内在要求，也是加快构建新发展新格局、着力推动高质量发展的重要途径。中国式现代化是全体人民共同富裕的现代化，也是既包括城市和乡村又包括发达地区、欠发达地区和老少边地区的全域现代化，实现城乡区域协调发展和共同富裕是中国式现代化的应有之义。在中国式现代化视域下，共同富裕并非只是少部分地区的富裕，也不单纯是城市的富裕，而是城乡和各区域都要实现富裕，尽管其富裕程度和实现时间会有所差异。可以认为，共同富裕不仅是全民富裕，也是城乡区域全面富裕。[2]

---

① 习近平：《扎实推动共同富裕》，《求是》2021年第20期。
② 文丰安：《基于共同富裕的新型城镇化之路：重要性、障碍及实现路径》，《山东大学学报》（哲学社会科学版）2022年第6期。

城乡区域发展不平衡是现阶段中国的基本国情特征。近年来，在国家发展战略和政策的支持下，中国城乡区域协调发展取得了显著成效，城乡融合和区域一体化水平稳步提升，基本公共服务均等化快速推进，城乡区域发展相对差距持续缩小。但应该看到，目前中国城乡区域发展差距仍然较大，发展中还面临诸多不协调因素。从城乡差距看，中国城乡居民人均可支配收入倍差仍处于高位，2021年达2.50，比1985年高34.7%，其中甘肃、贵州城乡收入倍差仍在3.0以上；城乡居民人均可支配收入绝对差距不断扩大，2008年突破1万元，2016年突破2万元，2021年达到2.85万元。从区域差距看，中国各区域居民收入和生活水平差距仍然较大，2021年上海市居民人均可支配收入是甘肃省的3.54倍、浙江省是甘肃省的2.61倍，东部地区约比西部地区高62%。① 同时，东西部地区居民收入绝对差距仍在不断扩大，大多数脱贫县内生发展能力不足，区域内部分化不断显现，南北差距问题日益凸显。正如党的二十大报告在谈及面临困难和问题时所强调的，"发展不平衡不充分问题仍然突出""城乡区域发展和收入分配差距仍然较大"。② 在这种情况下，着力推进城乡区域协调发展，积极探索全域共富新路，将是实现全体人民共同富裕的关键所在。

促进城乡区域协调发展，扎实推动全域共富，需要把握好以下几个着力点。

第一，要凸显城乡区域的独特功能。城市与乡村是一个相互依存、相互融合、互促共荣的有机整体，二者承担着互补的不同功能。作为非农人口和非农产业的聚集地，城市承担着提供工业品和服务产品的主体功能，而乡村作为城市以外的广阔空间，则承担着提供农产品和生态产品的主体功能，还肩负着传承中华农耕文明的特殊功能。同样，不同区域因地理位置、资源禀赋、发展特征和阶段不同，其在国民经济中承担着不同的功能，具有自身独特的优势。促进城乡区域协调发展和共同富裕，必须充分挖掘和利用这些独特功能，发挥

---

① 数据来源于国家统计局编《中国统计摘要2022》，中国统计出版社，2022。
② 习近平：《高举中国特色社会主义伟大旗帜 为全面建设社会主义现代化国家而团结奋斗——在中国共产党第二十次全国代表大会上的报告》，《人民日报》2022年10月16日。

城乡和各区域的优势，推动形成优势互补、合理分工、各具特色的产业结构。从某种程度上讲，城乡区域协调发展就是在发挥各自优势并强化其主体功能的基础上，实现城乡和各区域基本公共服务均等化、居民收入均衡化和生活质量等值化。因此，发挥各自优势，强化功能互补，突出自身特色，这是城乡区域协调发展的基础和前提。现实中那种搞"千城一面""万村一面"以及各地产业雷同的做法，实际上是与城乡区域协调发展和一体化背道而驰的。

第二，统筹发挥好政府和市场作用。无论是城市还是乡村，不管是发达地区还是欠发达地区，要实现消除贫富分化基础上的普遍富裕，首先都必须依靠持续增长把经济总量这块蛋糕做大。而要把蛋糕做大，实现经济持续稳定增长，需要提高市场的有效性，充分发挥市场在资源配置中的决定性作用。即使是在乡村和欠发达地区，也应提高市场配置资源的能力和效率，而不能在那些市场能够发挥作用的领域由政府取代市场。在建立健全有效市场的基础上，还要更好发挥有为政府的作用，使二者形成一股合力。在国家层面，重点是统筹实施乡村振兴战略、区域协调发展战略、区域重大战略、主体功能区战略和新型城镇化战略，强化城乡区域协调发展的战略统筹，使各种国家战略能够形成合力，产生叠加效应、协同效应和融合效应。同时，要全面落实农业农村优先发展的总方针，进一步完善农业支持保护制度和乡村振兴政策体系，并按特殊类型地区、主体功能区和经济功能区等类型区进一步健全国家区域政策体系，全面激发城乡和区域发展内生活力，实现更高质量的城乡区域协调发展。在高质量发展中逐步缩小城乡区域差距，还应强化中央和地方政府的职责分工，防止各区域以及城市和乡村内部的分化。在城市内部，要继续加强棚户区、城中村、老旧小区等改造；在乡村，则要加大力度支持经济薄弱村发展，有效破解村庄分化。

第三，聚焦促进农民农村共同富裕。缩小三大差距，推进全域共富，其重点和难点都在农村地区。目前，中国农村居民整体富裕程度较低，绝大部分都是低收入群体，未来提高农村低收入群体收入的任务十分艰巨，农村地区无疑将成为全国"提低"的主战场。按照国家统计局界定的典型三口之家年收入在 10 万~50 万元（2018 年价格）的中等收入家庭标准推算，2021 年中国农村居民有超过 80% 的人群，4 亿多人是低收入群体。^①同时，要逐步缩小城乡差距，促进城乡共同富裕，不能采取削高填低的办法，关键是全面推进乡村振兴，多途径增加农民收入，在更高水平上实现城乡共享共富。此外，中国地区差距主要表现为农村地区差距，如何缩小农村地区之间的发展差距也应引起高度关注。正因为如此，2021 年 8 月 17 日在中央财经委员会第十次会议上，习近平总书记把"促进农民农村共同富裕"作为新发展阶段扎实推动共同富裕的六大战略举措之一。^②因此，在扎实推动共同富裕进程中，要更加重视和聚焦农民农村共同富裕问题。在新形势下，促进农民农村共同富裕的根本途径在于减人增收。所谓"减人"就是依靠新型城镇化进一步减少农民，为农业适度规模化经营和农民持续稳定增收创造有利条件；所谓"增收"就是全面深化农村改革，激发乡村内生活力，全方位增加农民收入，建立农民持续稳定增收的长效机制。

第四，建立多层次先富帮后富机制。共同富裕并"不是所有人都同时富裕，也不是所有地区同时达到一个富裕水准"。^③各区域由于发展条件和基础的不同，其发展速度必定会有快有慢、水平会有高有低，有的地区因起步较早、条件较好率先富裕起来，而有的地区发展仍相对滞后。为此，必须充分发挥中国特色社会主义的制度优势，建立健全多层次的先富带后富、先富帮后富机制，推动实现城乡区域共同富裕。在国家层面，要聚焦共同富裕和乡村振兴，进一步完善中国特色的对口支援制度，不断优化结对关系、帮扶模式和工作机制，拓宽对口支援领域，推动援助地区与受援地区实现资源共享、合作共建、发展双赢，打造优势互补、合作共赢的新型帮扶共同体。在地区层面，要发挥地方政府的统筹作用，从各地实际出发，因地制宜开展各具特色、形式多样的区域帮扶工作，支持欠发达地区加快发展。例如，浙江省自 2001 年提出

---

① 魏后凯、杜志雄主编《中国农村发展报告 2022——促进农民农村共同富裕》，中国社会科学出版社，2022。
② 习近平：《扎实推动共同富裕》，《求是》2021 年第 20 期。
③ 习近平：《扎实推动共同富裕》，《求是》2021 年第 20 期。

并持续推进的山海协作工程取得了显著成效，已经成为中国省域内发达地区与欠发达地区合作共赢的典范。在村庄层面，要针对当前村庄分化的情况，借鉴浙江、江苏等地经验，加快推进跨村联合发展，因地制宜采取"飞地"抱团、强村公司、片区组团等多种形式，探索"先富带后富、强村带弱村"发展路径，促进乡村共同富裕。此外，还要动员全社会力量，继续加大社会帮扶力度，支持乡村尤其是欠发达地区乡村振兴。

第五，实行分区域的梯次推进策略。从全国看，实现全域共富将是一个长期的历史过程，不同地区因发展条件和所处阶段不同，其推进策略和实施路径也不尽相同。例如，浙江省居民收入多年来一直居各省区市之首，城乡区域发展差距较小。2021 年，浙江省城乡居民人均可支配收入之比下降到 1.94，人均消费性支出之比下降到 1.66；浙江全体居民人均可支配收入地区倍差下降到 1.61，其中城镇居民地区倍差下降到 1.40，农村居民地区倍差下降到 1.65，均呈现出持续缩小的态势。[①] 目前，浙江、江苏等地正在积极推进省域一体化，一些市县已经开始把推进全域共富提上重要日程；而在中西部一些欠发达地区，由于经济发展水平较低，内生发展活力不足，城乡区域发展差距较大，当前面临的主要任务是如何加快发展，增强其内生发展能力。尤其是脱贫地区，过渡期内还肩负着巩固拓展脱贫攻坚成果、防止发生规模性返贫的重任。因此，国家在政策上要鼓励有条件的沿海经济较发达地区先行一步，率先开展全域共富的有益探索，以便在地区层面积累经验，发挥其示范、引领和带动作用。在具体推进路径上，可以考虑以一体化为切入点，从县域一体化到市域一体化，再到省域一体化、城市群一体化和全国一体化，以此推动全域一体化和全域共富的地域层次不断提升，打造一批全域共富的县域范例、市域范例和省域范例。

魏后凯

2023 年 4 月 26 日于北京

[①] 地区倍差按地级市最高与最低人均可支配收入之比计算。数据来源于浙江省统计局、国家统计局浙江调查总队编《浙江省统计年鉴 2022》，中国统计出版社，2022。

目　录

总　论

县域高质量发展

会议综述

总

论

新时期我国县域发展全面转型战略*

魏后凯**

摘　要：目前我国已经进入县域发展全面转型的新时期。县域转型需要把握两个着力点：一是要因地制宜、突出特色，实行差异化的转型发展；二是县域发展全面转型的根本动力就是创新。每一个县域的自然和社会发展条件不一样，其经济发展一定要突出特色、发挥地区优势、实行差异化转型，走特色化发展道路。传统县域经济增长模式面临着资源、环境的双重约束，县域经济增长需要从投入驱动转向创新驱动，包括科技创新、制度创新、管理创新、品牌创新、模式创新等。推进县域内城乡融合发展，需要新型城镇化和乡村振兴战略双轮驱动、联动发展。

关键词：县域转型　创新驱动　城乡融合发展

---

　*　本文根据笔者 2022 年 3 月在中国人民大学乡村治理研究中心的演讲整理，发表在《光明日报》2022 年 4 月 16 日第 10 版光明大讲堂。

　**　魏后凯，中国社会科学院农村发展研究所所长、研究员，主要研究方向为区域经济理论与政策、农业农村发展。

一　县域发展的全面转型

从广义上看，县域泛指县级行政区，是一个全覆盖的概念。可能有人会问，北京、上海、天津、重庆这些直辖市的市辖区算不算？如北京的东城、西城、朝阳等的行政级别是地市级。但是在我国的行政区划统计中，它们是被归入县级行政区的。当然这种广义的理解其实并不完全准确，实际上对县域的理解一般是从狭义的角度，是指县（包括自治县以及内蒙古的旗等）和县级市，但不包括市辖区。截至 2020 年底，全国这样的县域概念单位共有 1817 个。

县域的发展十分重要。一般认为，县域经济是国家经济的重要组成部分，也是富民强国的基石。县域的重要性可以从三个方面来看，一是面积很广，2019 年，县以及县级市的面积占国土面积的 90%；二是总量大，工信部赛迪顾问县域经济研究中心发布的《2019 年县域经济高质量发展指数研究成果》显示，中国县域经济总量达 39.1 万亿元人民币，约占全国的 41%；三是县域人口众多，第六次全国人口普查数据显示，2010 年县域人口约占全国人口的 64%。

从浙江、江苏等沿海地区的经济发展经验来说，省域经济强，更多的是县域经济强。这也凸显了县域经济的重要性。而从区域发展差距来看，我国城市间的差距通常较小，地区差距主要体现在县域、农村。可以说，县域经济发展缓慢是中西部欠发达地区和东北地区整体经济发展滞后的重要原因。

镇域经济加快转型主要体现在六个方面。第一，目前镇域的人口规模较小，产业集聚水平较低。2019 年，县城以外平均每个建制镇的镇区人口不足 1 万人，人口规模太小导致产业集聚效果不明显。第二，产业层次较低，资源能源消耗较大。第三，产业布局比较分散，土地利用效率较低。据测算，2019 年我国人均建设用地城市为 99.6 平方米，建制镇为 150.2 平方米，村庄为 319.6 平方米。虽然这个数据是不断变化的，但也说明了土地利用效率与人口集聚规模之间存在一定的关系。第四，基础设施较落后，公共服务水平较低。第五，融资筹资比较困难，资金制约严重。据测算，2020 年我国建制镇按建成区常住人口计算的人均市政公用设施投资只相当于城市平均水平的 22.1%。

第六，人才和技术短板。人才是自由流动的，只要有好的发展机会，人才就愿意去。随着我国培养的人才越来越多，农村经济发展水平也会提高，将会吸引更多的博士。

考虑到目前村庄的分化，需要推动跨村发展。2020 年中国社会科学院农村发展研究所组织开展了中国乡村振兴综合调查，样本覆盖全国 10 个省区、50 个区县、156 个乡镇、308 个行政村、3833 户家庭。每个行政村平均调查 12 户左右，据此可推算出每个村的户均年收入。在把无效的极端样本剔除后得到，最高的村户均年收入是最低的村户均年收入的 72.6 倍。比较户均年收入最高的 10 个村与最低的 10 个村，二者之比达 24.9 倍；比较户均年收入最高的 30 个村与最低的 30 个村，二者之比达 11 倍。很明显，村之间的差距远比城市之间的差距大。北京市农村经济研究中心对北京全域约 12000 个村庄近 10 年变化的分析发现，村庄分化加剧，并出现了层级固化倾向。也就是说，收入高的村庄在 5 年、10 年后依旧是收入高的，同期收入较低的村庄仍旧处在收入较低的层级，这种村庄分化与层级固化趋势，从长期来看显然不利于促进共同富裕。需要通过跨村的联合发展来破解村庄分化，促进农村发展，为此，这就需要从县域层面来统筹。目前县域整体发展水平较低，但是也从侧面说明其发展潜力较大。

本文的主题是县域发展全面转型，县域转型属于区域转型的一部分，是多领域、多方面、多层次、多视角的综合转型。可以按领域把转型分为经济转型、社会转型、生态转型，也可以按内容分为发展转型、制度转型、空间转型。当前，我国县域发展已经进入了全面转型的新时期，要高质量发展、要全面建设现代化、要促进共同富裕，这三方面也是未来县域全面转型需要关切的核心问题。

县域转型需要把握两个着力点：一是要因地制宜、突出特色，实行差异化转型发展；二是县域发展全面转型的根本动力就是创新，这里，创新是一个综合性概念。

二 实施差异化县域转型发展战略

从狭义角度来看，县域有 1800 多个，其自然条件、经济特点、社会发展情况千差万别，这就需要县域经济发展类型多样化。

过去我把县域经济分为 6 种类型。一是城郊型，如福建闽侯；二是工矿型，如河北迁安；三是农林牧渔业型，如一些海岛渔业县、西部纯牧业县；四是旅游型，如井冈山市；五是边境贸易型，如内蒙古满洲里等；第六种类型的县域比较多，就是产业和功能多样，这是一种综合型。当然，还可以进行其他维度的分类。

每一个县域的自然和社会发展条件不一样，推动其经济发展一定要突出特色、发挥地区优势、实行差异化转型，走特色化发展道路。谈县域产业发展、县域经济发展，就一定要注重特色。产业的差异性是县域特色的基础，也是构建现代产业体系的前提条件。

打造各具特色的县域现代产业体系，需要坚持分类分区思想，不同类型、不同区域的发展方向、功能定位不一样，这也是构建具有县域特色的现代产业体系的核心思想之一。2022 年中央一号文件要求大力发展县域富民产业，支持大中城市疏解产业向县域延伸，引导产业有序梯度转移。大力发展县域范围内比较优势明显、带动农业农村能力强、就业容量大的产业，推动形成"一县一业"发展格局。前些年云南、贵州等在推进"一县一业"方面积累了经验，做得很不错。而像广东、浙江，较早就在推进"一镇一业""一村一品"。浙江每一个县都有很多产业，实际上已经实现产业多元化。所以说，推动形成"一县一业"发展格局的思路是对的。但在一些发达地区，主导产业已经在过去的"一县一业"基础上向多元化、多样化的方向发展。而在东北地区和广大中西部地区，如何形成"一县一业"发展格局，未来还有很长的路要走。

关于县域产业发展，有以下几点思考。

首先，县域产业发展一定要走园区化道路。县下就是乡镇、村庄了，县域工业发展不能搞遍地开发，一定要走园区化、集群化、生态化、城镇化的道路。这已经是被国内外实践所证明了的发展规律。

其次，应该认识到工业化并非适合于所有县域。工业化是一个大区域的概念，对一个大的国家、一个大的区域来说没有问题，所以说西部地区要推进工业化，但是工业化并不是适合每个县域的。国家有主体功能区规划，每一个地区承担的战略功能定位不一样，有些地方适合大力开发，有些地方则更需要保护环境。比如大兴安岭、神农架这样的生态功能区的核心区，其主要功能是保护环境，就不能推进工业化了。国家的主体功能区规划就体现了这种差异化思想，把区域分成优化开发、重点开发、限制开发、禁止开发四类，所谓开发就是推进大规模的工业化。需要从主体功能区建设角度，对县域发展重新进行定位，要因地制宜、发挥优势，实施差异化战略。需要注意的是，一些地区被限制、禁止开发，并不代表被限制、禁止发展，而是会对限制开发区、禁止开发区给予相应补偿，包括资源补偿、生态补偿、耕地补偿、区域补偿等，这些地区需要发展而不开发，不要开发而要富裕。从考核的角度来看，每一个县的功能定位不同，上级政府对不同县域、乡镇应实行差别化考核。通过差别化考核，打造生态型产业体系，通过补偿政策以及其他措施，建立限制、禁止开发区寻求"不开发的繁荣"的长效机制。

最后，县域经济发展中一定要激活民营经济的活力。一般来说，县域经济增长速度跟民营经济所占比重有一定正相关。具体来说，如何优化环境、全面深化改革进而激发民营经济的活力，对促进县域经济发展而言相当重要。

三　创新是县域发展转型的根本动力

县域经济是区域经济的重要组成部分，也是一种特殊类型的区域经济。随着经济社会发展，县域发展的驱动力不断发生变化。过去，县域发展的典型驱动力就是要素投入，包括劳动力投入、资金投入等，县域经济增长高度依赖于投资驱动。但是现在这样的方式面临着双重约束，即资源约束和环境约束。

过去依靠投入来驱动县域经济增长的做法需要转向创新驱动，这是一个大的趋势。不过这种转型是一个渐进的过程，不是说转向创新驱动，过去的投资驱动就不要了。

创新驱动并不是简单的科技创新，是包括科技创新在内的综合体，包括科技创新、制度创新、管理创新、品牌创新、模式创新等方方面面。

科技创新或者技术创新，尤其是那些基础理论创新，具有高度集聚性，即往往集中在少数发达地区。目前我国基础理论创新主要集中在北京、上海、广州等一些大城市。一般在中小城市，最多也就是应用型创新，到了县域这一级，最多就是技术推广。但是也出现了一些新的情况，随着网络和信息技术的不断发展，这种态势正在改变。一些大公司的总部和研发机构等可能更愿意设在条件较好的中小城市甚至县域。如果能抓住这样的机会，利用科技创新和现代网络技术提供的契机，就有可能实现跨越式发展，从而缩小之前的科技创新差距。

根据现有条件，尽快转向创新驱动，是一项长期且艰巨的任务。这个路径应该是多元化的，主要从以下五个方面来展开。

第一，科技创新。县域科技创新有自身特点，少数有条件的县域，可能会有进行基础理论性、前沿性研究的机构，甚至可能有一些大学等。但是大量县域进行的科技创新主要表现为加强应用性研究，通过提高产品的先进性和后续服务质量来提高科技创新能力。其中重点就是农业科技投入。我国有完善的农业科技推广服务体系，基于此进一步提高农产品的技术含量的潜力也是很大的。

第二，制度创新。除了之前提到的民营经济之外，还应考虑如何赋予建制镇更多权限的问题，以及农村产权制度改革等。

第三，管理创新。县城、建制镇的镇区就是城，城之外的地区才是乡，城乡的划分是一个很复杂的问题。县域既包括城又包括乡，需要的是统筹城乡，城和乡需要的是全域治理。过去城市治理、乡村治理是分开的。但是未来的县域治理是否需要明确再区分城乡？还是说就统一为县域治理？县域治理也需要统筹城市治理与乡村治理，形成全域治理，未来该边界会越来越模糊。管理创新不涉及长效机制问题。过去开展乡村建设，基础设施建好了以后，常常是没有人员、没有编制、没有固定的资金来源，缺乏长期管护的有效机制。未来如何建立管护长效机制，也是需要探讨的问题。还有就是如何实现县域治理的精细化。在精细化治理方面，县域跟市辖区相比还有很大的差距。

第四，品牌创新。县域品牌创新，其核心就是要实行区域品牌与企业品牌的互动。一个企业有自己的品牌，一个县本身也是一个区域品牌，其所辖名镇也是区域品牌，区域品牌与企业品牌要联动互补。当然，这种区域品牌是一种公共产品，具有外部性。区域品牌的特征是，任何人任何企业只要在这个区域之内，都能享受到这个区域的发展红利。"五常大米"就是这方面的例子。目前，县域发展特别是农产品发展在区域品牌建设方面存在的问题就是贴牌。如媒体曾经报道过的某些"贴牌"农产品，大多是把产品运到这些品牌所在区域"镀个金"，就能卖出好价钱。这种贴牌行为有待进一步研究探讨，分析其好处和弊端，从而予以规范化监督和治理。

第五，模式创新。以浙江省特色小镇为例，浙江省的特色小镇发展经历了三次大转型。浙江省早期的特色小镇是在县或在村里发展起来的块状经济，也称特色经济，主要是简单的地理集中，可称为特色小镇1.0版。在特色小镇2.0版时，在产业集聚的基础上加入了文化因素、生态因素，称为产业、文化、生态"三位一体"。特色小镇2.0版不是简单的产业集聚，它有一个好的文化氛围，也有一个好的生态环境，有的还可能向生态产业园区方向发展。如今的特色小镇3.0版，就是要在过去的产业、文化、生态"三位一体"的基础上加强智慧化，实现特色小镇数字化、智慧化转型。现在浙江一些小镇甚至一些村庄的数字化进程很快，涉及人口资源、基础设施、公共服务、产业发展、生产生活生态等方方面面。当然数字化建设也引发了个人隐私问题，这需要进一步探讨。

四　双轮驱动县域内城乡融合发展

新型城镇化和乡村振兴战略是县域内城乡融合与转型发展的"两个轮子"。县域内城乡融合发展既包括城也包括乡，新型城镇化和乡村振兴需要联动。

第一，根据第五次全国人口普查和第六次全国人口普查的数据，县域的城镇化水平低于全国平均水平，各省区市的县域城镇化水平也低于各省区市的平均水平，说明县域人口流向大中城市，这是一种正常的现象而不是问题。

第二，根据第五次全国人口普查和第六次全国人口普查的数据，县域总人口是逐渐减少的，影响这种情况的因素很多，包括区划调整、人口迁移等。应该说，城镇化是一个不可阻挡的趋势。前些年大多县域人口流向大中城市，当然希望未来能有更多的人就地就近城镇化。

第三，需要以新型城镇化引领乡村振兴。根据第七次全国人口普查相关数据进行测算，预计到2035年我国城镇化率达到74.4%，到2050年城镇化率接近80%左右。预计中国城镇化率的上限值在80%~85%，也就是说，到2050年，我国的城镇化大体完成，城乡结构基本趋于稳定。城镇化是大势所趋，对乡村发展会起到促进作用。但是城镇化也带来了乡村人口老龄化、村庄空心化、村庄消亡等。未来的村庄发展可能有三条不同的路径：一些发展得好的村庄，可能继续往城镇方向发展，成为城或镇；一些继续作为村庄而存在；一些村庄可能就被整合、合并或者消亡。由此需要研究一个重要问题，那就是在县域人口流动的基础上，需要按照城乡人口的分布来调整优化村庄布局，完善农村基础设施，进一步优化农村公共服务，针对未来的城乡基础设施、公共服务以及村庄布局进行优化调整。这是非常必要的。但是需要尊重乡村发展规律，保护农民利益，采取科学的方法，这其中也离不开政府的合理规划、科学引导。

未来，县域城镇化的前景广阔。应该加快设市进程，包括撤县设市、撤镇设市和切块设市。另外，县城是统筹新型城镇化与乡村振兴的战略支点，在城镇化过程中还要发挥县城的作用。县城是连接城市与乡村的重要纽带和桥梁。同时，县城又是县域经济、文化和交通的中心，是驱动县域经济发展的增长极，也是县域的综合服务中心和治理控制中心。因此在县域城乡融合发展中，县城能够发挥枢纽和统领作用。而且，与一般的建制镇相比，在人口规模、建成区面积、用水普及率、燃气普及率以及污水处理率等方面县城更接近于城市，基础条件更好。当然目前县城发展还存在一些短板，如基础设施落后、公共服务差距大、产业支撑不足、就业岗位缺乏和农民进城落户意愿较低等。并且由于区位和资源禀赋不同，县域分化较为明显。

关于农民进城落户意愿较低的问题。根据 2017 年中国流动人口动态监测调查数据，农民落户县城的意愿只有 25.6%，农民落户意愿比较高的都是一些大城市，如北京为 78.2%、上海为 74.3%。为此，可以在以下四个方面采取措施。一是要明确县域与县城的功能定位，实行差别化战略。二是要强化县城的中心功能，包括加快基础设施建设、提高公共服务水平、辐射带动小城镇和乡村发展、赋予县城更多资源整合使用的自主权等。2021 年和 2022 年的中央一号文件，在很多方面都想方设法强化县城的中心功能，提高其综合服务能力。要特别强调的是，在强化县城中心功能的同时，防止县域资源过度集中从而产生"虹吸"效应，避免在强化县城中心功能的同时抑制其他建制镇发展。三是增强产业支撑能力，建立各具特色、符合主体功能定位的现代产业体系。四是要提高县城的人口吸纳能力和吸引力。

县域是推动城乡融合的最佳地域单位，其地理空间范围恰好可以有效地推动城乡融合。关于推进县域内城乡融合的基本方向，可归纳为"五化"：城乡功能布局一体化、城乡要素流动便利化、城乡资源配置均衡化、城乡产业发展融合化和城乡融合模式多元化。

共同富裕视域下城乡融合发展路径研究

袁红英　徐光平[*]

摘　要：城乡融合发展与共同富裕具有目标的一致性，在新发展阶段推进城乡融合是实现共同富裕的必然路径。目前城乡要素自由流动仍然存在制约障碍、缩小城乡居民收入差距仍然面临较大挑战、城乡产业协同联动机制尚未健全等问题，在一定程度上对推进城乡融合发展产生掣肘。在共同富裕的视域下，应当着力破解城乡融合体制机制障碍，持续以县域为基本单元推进城乡融合发展，通过空间优化重构推动城乡共融共生共享，健全多元联动的城乡产业协同发展机制，发挥数字要素在城乡融合发展中的重要作用，以政策集成推进城乡融合发展举措提质增效。

关键词：共同富裕　城乡融合发展　新发展阶段

---

*　袁红英，山东社会科学院党委书记、院长，研究员，主要研究方向为财政金融；徐光平，山东社会科学院城市与区域发展研究所所长，副研究员，主要研究方向为区域经济。

一　引言

共同富裕是中国特色社会主义的本质要求。坚持以人民为中心，缩小地区差距、城乡差距、收入差距，促进社会公平正义，是逐步实现全体人民共同富裕的方向指南。近年来，我国高度重视城乡发展，不断加大强农惠农富农政策力度，农业基础地位得到显著加强，农村社会事业得到显著改善，统筹城乡发展、城乡关系调整取得重大进展。与此同时，由于历史欠账较多、基础相对薄弱，我国城乡发展不平衡不协调问题依然突出。与快速发展的工业化、城镇化相比，农业农村现代化步伐总体滞后，农业质量效益和竞争力不强，城乡要素交换不平等，基础设施和公共服务差距加大等问题仍然存在。城乡发展不平衡、农村发展不充分仍是我国社会主要矛盾的集中体现，城乡发展差距是推进全体人民实现共同富裕的重要制约因素。

共同富裕道路上，一个也不能掉队。促进共同富裕，最艰巨最繁重的任务仍然在农村。以共同富裕为目标推进城乡融合发展，推动城乡要素双向自由流动，补齐农业农村发展短板，是新发展阶段推进中国式现代化建设的重要方面。21世纪以来，我国对构建新型城乡关系目标的定位经历了从"城乡统筹"到"城乡一体化"再到"城乡融合"的演进。城乡关系的变迁与演进是根据我国国情变化做出的现实响应，随着现代化进程的不断推进，城的比重上升及乡的比重下降是客观规律，无论发展到何种程度乡村不会消亡，将与城镇长期并存也是客观规律，在这两个规律的现实背景下，以城乡融合发展推进共同富裕是遵循城镇化发展规律的必然与坚持以人民为中心的应然举措。近年来，《中共中央　国务院关于建立健全城乡融合发展体制机制和政策体系的意见》《关于推进以县城为重要载体的城镇化建设的意见》等政策文件相继出台，党的二十大报告指出要着力推进城乡融合和区域协调发展。在全面建设社会主义现代化国家新征程中，进一步明确城乡融合发展的必要性，分析城乡融合发展中存在的问题，探索城乡融合发展的可行路径，对于推进全体人民共同富裕具有重要意义。

二 共同富裕视域下推进城乡融合发展的必要性

共同富裕与城乡融合发展均是我国推进社会主义现代化建设的重要方面，以共同富裕为目标推进城乡融合发展，既源自两者具有同一的目标性，也源于城乡融合发展是实现共同富裕的必然路径，两者相辅相成、不可分割。

（一）城乡融合与共同富裕具有目标的一致性

城乡融合发展是一个多层次、多领域、全方位的全面融合概念，包括城乡要素融合、产业融合、居民融合、社会融合和生态融合等，是在坚持城乡平等的前提下，依托城乡资源禀赋优势，以产业结构优化、空间功能重组、要素配置创新、发展成果共享为助力，不断推动城乡经济、社会、文化、生态环境等领域融合发展，逐步缩小城乡差距，推动形成共建共享共荣的城乡生命共同体，让广大农民平等地参与现代化进程、共同分享现代化成果。共同富裕是全体人民的富裕，是人民群众物质生活和精神生活双富裕，既不是平均主义也不是同时富裕、同步富裕、同等富裕，是一项具有长期性、艰巨性和复杂性的发展愿景。

从目标上看，城乡融合发展与共同富裕一致性的体现主要在以下两个方面。一是坚持以人民为中心的发展宗旨，以增进人民福祉为根本目的。"我们必须坚持发展为了人民、发展依靠人民、发展成果由人民共享，做出更有效的制度安排，使全体人民朝着共同富裕方向稳步前进"。作为社会主义国家，中国特色社会主义道路的本质在于解放和发展生产力，以实现人的自由全面发展和人类解放为根本追求。我国从城乡统筹发展到城乡融合发展的战略演化，始终坚持以人民为中心的发展逻辑，把增进人民福祉、促进人的全面发展作为发展的出发点和落脚点，旨在消灭剥削、消除两极分化的过程中，逐步实现共同富裕。二是所面对的与需解决的问题相契合。城乡融合发展旨在逐步破除城乡二元体制机制壁垒，促进城乡要素自由流动、公共资源均衡配置，有效提升城乡居民的生活质量。缩小地区差距、城乡差距、收入差距则是实现共同富裕的主攻方向。目前，我国发展最大的不平衡是城乡发展不平衡，最大的不充分是农村发展不充分。城乡之间在收入、产业、公共资源配置等方面均有一定差距。推进城乡均衡发展，补齐农业农村发展短板，让全体人民都能切实共享发展成果是城乡融合发展与实现共同富裕均需解决的问题。

（二）城乡融合发展是实现共同富裕的必然路径

实现共同富裕必须缩小城乡差距，推动城乡融合发展，打通城乡生产要素双向自由流动渠道，优化城乡产业、基础设施、公共服务等布局，统筹推进城乡基本公共服务普惠共享，促进现代农业和现代农村建设，提升农村经济社会发展水平，保障农民持续增收，形成工农互促、城乡互补、协调发展、共同繁荣的新型工农城乡关系，对于缩小城乡发展差距和城乡居民收入差距具有重要意义。一方面，通过城乡融合发展促进生产要素自由流动能够创造出更多的就业岗位，吸纳农业剩余劳动力充分就业，可以提高农村居民的工资性收入。另一方面，通过城乡融合资本有序下乡以及农村沉睡资产盘活，农村居民可以通过土地流转、合作入股等方式，获得财产净收入。此外，推进城乡公共服务均等化，增加丰富多彩的文化活动及文化产品对乡村的供给，也将提高农村精神文明建设水平，促进农村居民精神富裕。

三 新发展阶段城乡融合发展的现存问题

从城乡统筹发展到城乡融合发展，我国在缩小城乡发展差距的道路上不断探索，取得了一定的积极成效，城乡一体化公共服务供给机制逐步建立，城乡一体化基础设施建设加快推进，脱贫攻坚取得全面胜利，为全面推进社会主义现代化建设新征程中的城乡融合发展奠定了坚实的基础。与此同时，随着我国社会主义主要矛盾的转化以及城乡发展进程的推进，新发展阶段城乡融合发展仍然存在诸多问题。

（一）城乡要素自由流动仍然存在制约障碍

长期以来，城乡二元体制机制的存在把城市与农村进行了人为分割，城乡不对等的经济、社会发展水平，使得城乡差距逐步扩大，城乡发展不平衡问题日益突出。农村生产要素单向流入城市，造成农村"人、财、地"等要素流失，影响乡村发展；年轻劳动力迁往城市，留守人口老龄化，土地撂荒，闲置宅基地难以得到有效利用，造成资源浪费；城市人口回流以及工商资本下乡，在一定程度上受到政策和市场环境束缚，落户和福利政策落实难，下乡返乡人员在居住、就业创业上面临一些制约，进而引发产业聚集效应差、农村产业回报率过低等问题。

在城乡关系深度重构的大背景下，由于城镇的市场化程度高、资本收益率高，土地、劳动力、资本、技术、管理、数据等农业农村资源要素非农化趋势仍将持续，城乡资源要素均衡流动的临界点还远未到来。因此，亟待构建要素主体共享的利益联结机制、市场主导和政府引导相结合的功能互补机制、各项政策协调配套机制以及乡村内生发展动力机制，破解农村"人、财、地"三大发展瓶颈，强化以工补农、以城带乡，建立健全城乡融合发展的体制机制和政策体系，推动城乡要素平等交换、双向流动。

（二）缩小城乡居民收入差距仍然面临较大挑战

缩小城乡居民收入差距是推进共同富裕的重要议题，也是城乡融合发展的重要目标。2012~2021年，我国农村居民人均可支配收入增幅持续大于城镇居民人均可支配收入增幅。基于农村居民收入持续增长，我国城乡居民收入倍差不断缩小，从2012年的2.88∶1下降至2021年的2.50∶1。从绝对收入的差距来看，农村居民人均可支配收入增长速度持续高于城镇居民，但由于城镇居民收入基数大，2012年以来也保持增长态势，城乡居民收入绝对差距仍呈现扩大趋势，城乡居民人均可支配收入的绝对差值从 2012 年的 16176 元扩大到 2021 年的 28481 元。此外，从农村居民按五等份分组的人均可支配收入来看，2020 年农村高收入组家庭与低收入组家庭收入倍差为 8.23，同期城镇高收入组家庭与低收入组家庭收入倍差为 6.16，显示出农村居民内部的收入差距问题比城镇居民更为严峻。从绝对收入差距来看，农村 20% 低收入组家庭人均可支配收入与 20% 高收入组家庭人均可支配收入的绝对差值持续扩大，从 2012 年相差 16692.7 元扩大到 2020 年相差 33838.8 元。

可以看出，党的十八大以来我国把解决好"三农"问题作为全党工作的重中之重，为推进农民农村共同富裕奠定了坚实的基础。但也应该看到，当前我国城乡差距仍然较大，巩固拓展脱贫成果同乡村振兴有效衔接还面临不少困难，农村内部收入差距存在扩大风险，在新发展阶段通过城乡融合发展缩小城乡居民收入差距仍然面临较大挑战。

（三）城乡产业协同发展的联动机制尚未健全

城乡产业融合发展是城乡融合发展的核心，是实现农业高质高效、乡村宜居宜业、农民富裕富足的物质基础。近年来，在城镇化与乡村振兴两大战略协同推动下，我国已经建立了支持城乡产业融合发展的制度和政策体系，城乡产业互动明显增多，乡村发展的平等性、自主性和内生性更加突出，城乡产业融合的内在联系和关联效应不断强化，第一、第二、第三产业及其内部不同层次的行业在城乡经济发展中互为依托、相互包容，产业链、价值链、供应链不断延伸。与此同时，不容忽视的是我国城乡二元结构并没有发生根本性改变，城乡产业协同发展的联动机制尚未完全建立，城乡产业协同发展仍然面临诸多现实制约。在推进城乡融合发展的过程中，部分城郊型乡村地区片面追求以乡融城，将农业产业置于乡村产业发展的次要地位，要求乡村发展工业等非农产业，随着前期资源要素的大量投入，乡村产业发展将面临较大风险隐患，农民参与门槛逐步提高，产业发展的可持续性不足。

为进一步实现城乡产业发展要素链、产业链、价值链和利益链的有效协同，需要搭建促进城乡产业协同发展的信息共享平台、技术创新平台、资源整合平台，将城镇先进要素技术运用到农业产业链中，凸显农业产业发展的经济价值、生态价值、社会价值和文化价值，实现城乡产业发展利益链条上多元主体利益的双向联动。

四　共同富裕视域下城乡融合发展的路径建议

共同富裕是社会主义的本质要求，也是中国式现代化的重要特征。城乡融合发展能够为实现共同富裕提供坚实助力。新发展阶段，面对复杂的国内外大环境以及我国全面建设社会主义现代化国家的战略定位，探索推进城乡融合发展的可行路径能为扎实推进共同富裕提供强大助力。

（一）坚持问题导向着力破解城乡融合体制机制障碍

《中华人民共和国乡村振兴促进法》提出，"国家建立健全城乡融合发展的体制机制和政策体系，推动城乡要素有序流动、平等交换和公共资源均衡配置，坚持以工补农、以城带乡，推动形成工农互促、城乡互补、协调发展、共同繁荣的新型工农城乡关系"。为进一步推动新型工农城乡关系有序构建，破除城乡分割体制弊端，畅通城乡要素流动渠道，需要以"人、地、钱"为基本方向，着力破解制约城乡融合发展的关键性体制机制问题，如农业转移人口市民化权益保障问题、外部各类人才在乡村的引育留问题、农村集体经营性建设用地入市问题、农村宅基地改革问题、工商资本下乡支持与引导力度不足问题等。继续把推进农业转移人口市民化作为新型城镇化的首要任务，不断深化户籍制度改革，促进城镇基本公共服务均等化，加大乡村人才引育力度；稳慎推进集体经营性建设用地入市与农村宅基地改革，激活农村沉睡的土地资源；加强对下乡资本的制度规范与规则约束，严格准入制度与风险管控，促进村企共赢、农民增收。

（二）持续以县域为基本单元推进城乡融合发展

习近平总书记指出，要把县域作为城乡融合发展的重要切入点，推进空间布局、产业发展、基础设施等县域统筹，把城乡关系摆布好、处理好，一体设计、一并推进。在我国国家治理体系和国民经济发展中，县域是具备完整功能的发展主体，是实现城乡要素双向流动的最直接、最有效的空间载体。从空间要素上看，县域以县城为中心、以乡镇为节点、以农村为腹地，作为城乡融合发展的交汇空间，是实现城乡要素双向流动的最直接、最有效的空间载体。从人口要素上看，县域内的"农民进城"与"城市人才入乡"更容易实现。从土地要素上看，县域内的城市建设用地增加与农村建设用地减少挂钩政策更容易推进。从资本要素上看，县域内的工商资本下乡与金融机构从农村"吸储"将长期并存。把县域作为城乡融合发展的基本单元，要以规划一体化促进城乡空间融合，统筹城乡产业、基础设施、公共服务、资源能源、生态环境等布局，形成田园乡村与现代城镇交相辉映的城乡发展形态。深化重点领域和关键环节改革，推动人才、土地、资金等要素双向流动和均衡合理配置，引导各类要素在乡村汇聚，激活乡村发展内生动力。

（三）通过空间优化重构推动城乡共融共生共享

城乡空间重构作为城乡地域系统演化的重要组成部分，是在快速工业化和城镇化进程中，在内外驱动力作用下城乡空间系统中各要素的变化与重组，是一个持续、动态的过程。近年来，我国新型工业化、新型城镇化、信息化和农业现代化快速推进，对城乡聚落空间形态和功能的影响日趋显著，城镇集聚与扩散效应叠加，要素流动的开放性与空间布局的紧约束矛盾加剧。因此，依托城乡功能属性与发展定位推动城乡空间优化重构，对于化解城乡发展布局矛盾、破解城乡要素流动壁垒具有重要作用。坚持系统性、融合性和战略性思维，推动城乡生活空间、生产空间、生态空间、文化空间、制度空间同步拓展，系统谋划和梯度推进城市、县域、乡镇、村庄等不同空间尺度的融合进程，进一步探索完善城乡产业内嵌共生的空间治理解决方案，有助于培育共融共生共享的城乡生命共同体。

（四）健全多元联动的城乡产业协同发展机制

城乡产业融合发展，是实现农业高质高效、乡村宜居宜业、农民富裕富足的物质基础。面对城乡非农产业与农业间的关联性不强、城乡产业生产力布局不均衡、农民增收效应整体不强等问题，切实推进城乡融合发展中的产业链、价值链、供应链不断延伸，提升城乡产业协同发展水平，需要构建多元联动的城乡产业协同发展机制。一方面，健全城乡产业协同融合的动力机制。促进城乡要素自由流动，提升社会资本对农民增收的辐射带动能力；强化技术创新、组织创新的引领作用，持续释放创新发展的融合动力；以市场需求为导向，在乡村产业供需两侧动态协同中推动城乡产业融合发展的动力变革、效率变革、质量变革。另一方面，从要素协同、产业协同、空间协同等层面，加强支撑城乡产业协同发展的平台建设，提升城乡产业融合能力与融合效率。

（五）发挥数字要素在城乡融合发展中的重要作用

我国城乡融合发展正进入新阶段，面临的风险与挑战更加复杂，如果仅仅依靠传统技术手段和推进模式难以实现高质量发展，必须突破传统路径依赖和惯性思维束缚，尝试采用新技术、新方法予以推进。随着数字时代的到来，大数据、云计算、物联网、互联网、人工智能等信息数字技术迅猛发展，数字技术应用突破地理空间制约、实现多重场景连接互动的特点，为要素流动突破城乡地理空间限制，推进资金、人才、科技、服务在城乡之间的加速流动与快速转化，提供了新的支撑与动能来源。数字技术使乡村发展面临一系列根本性、结构性、趋势性的深刻革命，引致乡村功能、产业形态、人口结构、村庄布局等产生颠覆性调整，也必然会成为推进城乡融合发展的重要驱动力量。一方面要进一步推动农村5G通信与光纤网络的普及，加大宽带网络基础性投入，为数字科技推进城乡融合发展奠定硬件基础；另一方面要构建数字化引领城乡融合发展的体制机制，以数字赋能农业链条化发展、结构化升级、现代化转型，健全城乡智慧物流体系，持续完善数字化乡村公共服务体系，不断弥合城乡"数字鸿沟"，缩小城乡"数字差距"。

（六）以政策集成推进城乡融合发展举措提质增效

习近平总书记强调，"要把制度集成创新摆在突出位置，解放思想、大胆创新，成熟一项推出一项，行稳致远，久久为功"。近年来，我国出台了一系列促进农民增收、缩小城乡差距的政策并取得了重要成效。但与此同时，政策改革的条块分割、单兵突进特征突出，存在政策"碎片化""部门化"以及配套不够等集成不足问题。随着全面推进乡村振兴与全面建设社会主义现代化国家新征程的开启，推进城乡融合发展所面临的问题更为复杂，对各项改革举措之间的关联性、耦合性要求更高，以往单项突破或局部推进的方式已无法满足发展需要。因此，推进城乡融合发展，需更加注重政策协同配套，增强政策的灵活性、协调性、实效性。以责任清单化、项目化、节点化推动部门有效协同，建立跨层级、跨地域、跨部门、跨系统的数据共享与流程再造机制，促进各项改革举措在政策取向上相互配合、在实施过程中相互促进、在改革成效上相得益彰，力争通过政策举措、工具组合、平台载体的集成创新，形成推进城乡融合发展的强大合力。

参考文献

张海鹏:《中国城乡关系演变 70 年：从分割到融合》,《中国农村经济》2019年第 3 期。

魏后凯:《深刻把握城乡融合发展的本质内涵》,《中国农村经济》2020 年第 6 期。

刘合光:《以共同富裕为目标推进城乡融合发展的逻辑与路径》,《社会科学辑刊》2022 年第 1 期。

魏博通:《中国城乡产业融合的发展模式与实现路径》,《农业经济》2022 年第 2 期。

苏红键:《数字城乡建设:通往城乡融合与共同富裕之路》,《电子政务》2022 年第 10 期。

徐宏潇:《城乡融合发展:理论依据、现实动因与实现条件》,《南京农业大学学报》(社会科学版)2020 年第 5 期。

左停、赵泽宇:《共同富裕视域下县城新型城镇化:叙事逻辑、主要挑战与推进理路》,《新疆师范大学学报》(哲学社会科学版)2022 年第 6 期。

县域高质量发展

新时期县域经济高质量发展的
内在要求与对策建议

阮金泉 *

摘　要：县域经济是国民经济的基本单元，是现代化建设的重要内容，是推进
共同富裕的关键环节。新时期推进县域经济高质量发展，要以全面推
进中国式现代化为战略指引，以县域治理"三起来"为基本遵循，以
质量、结构、规模、速度、效益、安全有机统一为根本导向，以有效
市场和有为政府更好结合为实践要领，聚焦比较优势、分类施策、优
化配置、动能重塑、生态建设和传承弘扬，大力培育县域现代产业体
系，促进城乡深度融合，提高资源要素保障能力，打造县域核心竞争
力，加速县域绿色低碳发展，增强县域文化软实力。

关键词：县域经济　高质量发展　城乡融合发展

县域经济是国民经济的基本单元，是国家现代化建设的重要内容。习近
平总书记高度重视县域发展，并深刻指出"县一级承上启下，要素完整，功能

---

　　*　阮金泉，河南省社会科学院党委书记，主要研究方向为区域经济。

齐备，在我们党执政兴国中具有十分重要的作用，在国家治理中居于重要地位"。党的二十大也对推进以县城为重要载体的城镇化进行了部署，在以中国式现代化全面推进中华民族伟大复兴的进程中，县域经济高质量发展在全局发展中的地位和作用尤为重要，需要我们站位全局、创新探索，不断增强县域竞争力，走稳走好县域经济高质量发展之路。

一　新时期推进县域经济高质量发展的战略意义

（一）提升经济质量的稳定器

实现高质量发展重点在县域，难点在县域，潜力也在县。河南近九成的辖区面积、超七成的常住人口、2/3 的经济总量和超七成的工业规模都在县域，县域经济在河南发展大局中至关重要。因此，依托县域资源禀赋，确立主导产业、夯实特色产业、培育新兴产业，构建现代工业发展体系，已成为推动经济质量提升的稳定器，只有县域运行有序、结构优化、平衡发展，稳住县域发展基本盘，才能驱动经济高质量发展。

（二）畅通内外双循环的"压舱石"

加快服务和融入以国内大循环为主体、国内国际双循环相互促进的新发展格局，是区域经济发展的必然选择。在新形势下，县域内需市场潜力加速释放、要素配置效率不断提升、产业分工体系持续优化，县域经济定位从国际大循环"供给泵"向双循环末端"压舱石"转变。河南县域具有相当的人口、市场、资源等优势，通过打通各个环节，畅通县域经济内外双循环发展，才能为更好地参与区域和全球产业链、价值链重构提供支撑。

（三）促进城乡区域协调发展的动力源

县域连接着城市和乡村，是城乡发展的衔接纽带和重要动力。推动城乡协调发展，县域经济至关重要，党的二十大报告提出，推进以县城为重要载体的城镇化建设。要发挥县城连接城市、服务乡村的作用，增强对乡村的辐射带动能力，更好发挥县域连城带乡的枢纽作用，推动城乡融合发展。

（四）推动乡村全面振兴的主阵地

县域对于全面推进乡村振兴的重要性愈发凸显。从空间角度看，农业主要集中分布在县域，农村主体分布在县域，农民多数生活在县域。县域经济发展与乡村振兴联系紧密，发展壮大县域经济是乡村振兴的必由之路。推进乡村全面振兴，必须在县域这个主阵地上发力，提升一二三产融合发展水平，实现城市产业与乡村产业、城市要素与乡村要素的高效衔接。

（五）实现共同富裕的支撑点

共同富裕的制约点在城乡居民收入差距，而县域经济发展是增强区域经济竞争力、实现富民增收的主要渠道。发展壮大县域经济，对缩小城乡差距、实现共同富裕具有重大的现实意义。需要把县域经济作为实现共同富裕的支撑点，培育壮大县域经济，把农业更多地纳入产业链价值链，带动农村持续增收，促进农民农村共同富裕。

二　新时期县域经济高质量发展的新要求

（一）以全面推进中国式现代化为战略指引

县域在发展全局中始终是强力支撑、坚实底盘，县域经济高质量发展要以全面推进中国式现代化这一事关全局和长远的重大战略任务为指引，基于对新发展阶段量变与质变的内在逻辑的深刻把握，坚持新发展理念在县域经济社会发展全过程和各领域的全面贯彻，抓住主动服务并深度融入新发展格局的战略机遇，探索走出各具特色的高质量发展路子，既是必须扛稳的政治责任，也是必须回答的时代课题。

（二）以县域治理"三起来"为基本遵循

2014年，习近平总书记在河南调研时强调，要把强县和富民统一起来，把改革和发展结合起来，把城镇和乡村贯通起来。县域治理"三起来"的重要指示，深刻洞察了县域治理的特点和规律，回答了县域治理的目标任务、动力所在等重大问题。县域经济高质量发展要以县域治理"三起来"为基本遵循，在区域经济布局中找准定位、发挥优势，形成特色突出、竞相发展的新格局。

（三）以质量、结构、规模、速度、效益、安全有机统一为根本导向

县域高质量发展要推动质的有效提升和量的合理增长，实现做大体量、做优质量、提升效益有机统一，既要推动经济增速总量指标攀升，又要不断提升发展的含金量、含新量、含绿量，特别是要更好地统筹疫情防控与经济社会发展，牢牢守住安全发展底线，提高防范和化解重大风险能力，确保县域经济发展行稳致远。

（四）以有效市场和有为政府更好结合为实践要领

县域经济高质量发展要充分发挥市场在资源配置中的决定性作用，更好地发挥政府的作用，以区域一体化大视野审视县域的定位和功能，以市场机制和开放理念优化分工协作和要素配置，推动县域更好地融入和服务于中国式现代化大局。

三 新时期县域经济高质量发展的对策建议

（一）聚焦比较优势，培育县域现代产业体系

一是明确县域产业定位。坚持城市群、中心城市与县域产业体系一同谋划，明确自身的区位、资源、产业等优势，因地制宜地培育壮大主导产业，融

入区域产业链、价值链、供应链，提升县域在细分领域的产业竞争力。二是创新产业联动发展模式。顺应产业链、价值链空间布局优化规律，依托优势环节与中心城区构建"研发＋制造""总部＋生产基地""品牌＋原料基地"等产业合作园区，探索协同招商和利益分享新模式。三是探索建立县域跨区域合作机制。顺应高端环节向心集聚、一般环节外围转移的发展趋势，支持县域在中心城市设立"科创飞地"，引导本地企业建设域外研发中心，撬动域外高端资源，加快县域产业转型升级。

（二）聚焦分类施策，促进城乡深度融合

一是找准定位、分类施策。经济实力强的县域，在提高综合承载能力的基础上，培育壮大产业集群；产业基础薄弱的县域，在合理控制开发边界的同时，不断提高县域综合承载能力；发展潜力大的重点县域，完善产业体系和基础设施，不断增强人口集聚能力。二是加快推进农业转移人口市民化。探索省、市、县、乡（镇）四级联动，在更大区域范围内优先保障农业转移人口市民化增长快、人口净流入或常住人口规模较大的县域获得更多的资源和政策，充分保障其就业、就学、就医需求。三是全面推进乡村振兴。加快完善乡村基础设施和公共服务设施，加快乡村特色产业发展，积极建设宜居宜业和美乡村。

（三）聚焦优化配置，提高资源要素保障能力

一是深化土地资源供给改革。深化"三块地"综合改革及工业项目"标准地"综合改革，统筹推进城镇非农用地和农村农业用地整理，盘活存量土地资源。二是优化人才资源供给体系。工业基础较好的县域，聚焦承接区域创新活动外溢和提高区域创新成果消化转化能力；农业发展基础较好的县域，以农村带头人、返乡创业能手等为重点，培育农村科技型实用人才，确保下乡人才进得来、留得住。三是强化资金供给保障。积极探索"资源资产化、资产资本化、资本市场化"路径，引导社会资金流向县域，有效提升县域投融资能力和

规模。四是释放数据资源赋能效应。加快推动县域传统基础设施数字化智能化改造，构建汇聚数据资源的平台载体体系，推动数据应用在消费领域和产业领域的融合。

（四）聚焦动能重塑，打造县域核心竞争力

一是强化创新驱动。紧紧围绕县域主导产业发展需求，立足区域产业链与创新链分工协作，加快县域创新载体建设，加快科技成果县域转化，推动创新要素向县域集聚。二是强化开放带动。实施制度型开放，创新金融、财政、用地等要素保障机制，探索建立协同招商机制，打破招商区域壁垒，引导资源条件和产业基础相近的县域联合打造产业合作园区，实现以商招商、联动招商、差异化招商。三是强化改革推动。积极优化县域营商环境，健全扩权赋能强县机制，完善绩效考核评价机制，提升县域经济势能，激发县域经济动力。四是强化需求拉动。充分发挥消费的基础作用和投资的关键作用，强化"项目为王"，加快培育市场主体，大力提振市场信心和预期，充分释放发展潜能。

（五）聚焦生态建设，加速县域绿色低碳发展

一是加强生态建设。开展生态文明示范创建和"绿水青山就是金山银山"实践创新基地建设，培育一批生态示范标杆县。二是强化环境保护。加强重点流域环境综合治理，强化土壤污染管控和修复，健全区域间污染联防联控和应急联动机制，构建人与自然和谐发展的生态体系。三是推行绿色生产生活方式。支持发展节能环保、清洁生产、清洁能源产业，加快园区循环化改造，因地制宜发展绿色产业，提高能源要素配置效率。四是完善绿色发展保障系统。实施有利于县域绿色发展和生态环保的政策，建立生态补偿与环境质量改善挂钩机制，完善重点生态功能区转移支付制度。

（六）聚焦传承弘扬，增强县域文化软实力

一是完善文化保护传承体系。创新县域文化遗产保护传承模式，统筹文

化资源本体与环境、生态整体性保护，恢复文化资源的生命力。二是推动文化旅游融合创新。把握文化旅游融合化、数字化新趋势，探索县域文化旅游产业与农业、工业、科技、生态等融合创新的"文旅+"新业态新模式，提高产品的附加值和集聚性。三是加大文化传播弘扬力度。深入挖掘红色文化、传统文化等县域特色文化资源，并深度融入中国共产党人精神谱系的传承弘扬，不断创新文化业态，积极扩大文化"朋友圈"，提升县域文化影响力，增强县域发展凝聚力。

县域城乡融合发展的理论解析、关键阻碍与重点突破

——以四川省为例

郭晓鸣　高　杰*

摘　要： 县域城乡融合发展是在县域范围内，依托域内城镇体系，推动人口、产业、资源、信息等在城乡之间合理配置，实现县域空间内的城乡要素、空间、产业、基础设施和公共服务的协调发展。县域城乡融合发展具有区域空间发展的系统协调性、城乡要素交换的双向自由性、不同区域城乡融合路径的多样性、发展阶段的渐进性等特征。作为农业大省和人口大省，四川省县域经济发展基础较薄弱，在大城市虹吸效应和农村发展严重滞后的双重阻滞下，全省县域城乡融合发展仍存在制度和实践层面的阻碍。推进四川省县域城乡融合发展，应当以重点县域间分类发展与协同发展相结合建立区域联动发展机制，以特色优势产业培育和公共品供给优化提高县域人口集聚能力，以系统推进体制机制改革构建县域城乡要素双向流动格局，以巩固拓展脱贫攻坚成

---

* 郭晓鸣，四川省社会科学院研究员，主要研究方向为区域经济；高杰，四川省社会科学院副研究员，主要研究方向为区域经济。

果和乡村振兴有效衔接筑牢脱贫县城乡融合发展基础。

关键词：县域　城乡融合发展　城乡关系　四川省

　　随着我国城镇化进程的推进，超大城市、特大城市数量和规模均持续提升，但对于乡村的辐射带动作用并未有效显现，城乡收入差距缩小也较多地依赖于行政引导下的工业反哺和农民外出务工获得的工资性收入。总体而言，以城市与农村相互驱动、相互融合发展所形成的乡村自我持续发展能力仍不足，各地在推动城乡融合发展过程中陷入缺少切入点、着力点的困境。县域一直都是我国的行政主体，也是社会经济活动的重要载体。相对于其他层级行政区域，县域因城乡联系密切、地域范围适中、同质性较强，更易于在经济社会发展上联结成一个有机整体，县域成为城乡融合发展的重要切入点具有明显的优势。基于此，中央将县域作为城乡融合的空间载体和着力点，党的二十大报告提出要"推进以县城为重要载体的城镇化建设"。

　　四川省是全国较早开启县域城乡融合发展探索的地区之一，但是受发展基础和自然地理条件的制约，四川县域存在城镇化率偏低、发展差距较大等现实问题，县域城乡融合发展面临一系列现实问题和阻碍，迫切需要在准确把握全省县域特征和发展趋势的基础上，构建推进县域城乡融合发展的总体思路和政策体系。

一　县域城乡融合发展的生成逻辑与内涵特征

（一）生成逻辑

　　中央明确"县域城乡融合发展"政策导向，并将其作为乡村振兴战略的重要保障内容。从城乡融合发展到县域城乡融合发展的演进，体现了中央对于我国城乡关系、区域关系的最新研判，是我国进入新发展阶段后城乡关系的又一次重大转变，是中央根据内外部发展环境变化做出的重要决策，其提出具有深刻的历史逻辑、现实逻辑和政策逻辑。

从县域城乡融合发展提出的历史逻辑上看，乡村全面振兴和城乡共同富裕战略目标客观上要求建立起与我国城乡生产力发展阶段和中国特色社会主义制度相一致的城乡关系，探索出一条不简单套用马克思主义经典作家设想模板和其他国家社会主义实践、不盲目跟随西方发展道路的中国特色城乡发展路径。因此，在进入全面建设社会主义现代化国家新征程这一重要历史节点，中央提出"加快县域城乡融合发展"这一目标任务，将县域城乡融合发展作为保障乡村振兴战略目标实现的重要体制机制。

从县域城乡融合发展提出的现实逻辑上看，随着工业化和城镇化进程的持续推进，我国城市发展取得了显著的成效，超大城市、特大城市数量持续增加，城市规模不断扩大，城市承载能力和自我发展能力显著增强，与此同时，乡村振兴战略的实施使乡村进入加速发展的新阶段，农村经济、社会、生态文明、公共品供给等发生明显变化，农业农村现代化水平有效提升。然而，虽然我国呈现出大城市与农村同时发展的态势，但是实践中城乡之间并未显现出相互驱动与互补的理想状态，要素向城市单向流动、城市对农村辐射不足、乡村振兴内在支撑力不足等问题依然存在。在大城市发展进入规模收益递减阶段，城乡之间如果不能建立起有效的联结，那么二元结构或将以新的方式表现出来。越来越多的理论研究发现，城乡融合发展需要有效的联结点和融合载体，而县域在空间范围、行政权能、功能结构方面的特征决定了其可以成为城乡融合的基本单元，成为推动城乡融合发展和乡村振兴的重要方向。

从县域城乡发展提出的政策逻辑上看，城乡融合发展是经济转型关键时期的重要内容，是建立以国内大循环为主体新发展格局的关键支撑。2019年4月，中共中央、国务院发布《关于建立健全城乡融合发展体制机制和政策体系的意见》，全面部署了城乡融合发展的目标和重点任务，城乡融合发展成为新阶段我国重要的发展战略。长期以来，县域一直都是我国的行政主体，也是社会经济活动的重要载体。相对于其他层级行政区域，县域因城乡联系密切、地域范围适中、同质性较强，更易于在经济社会发展上联结成一个有机整体，成为城乡融合发展的重要切入点，具有明显的优势。因此，在城乡融合发展阶段，中央将县域作为城乡融合的空间载体和着力点。2021年中央一号文件明确指出，"加快县域城乡融合发展"，"把县域作为城乡融合发展的重要切入点，强化统筹谋划和顶层设计，破除城乡分割的体制弊端，加快打通城乡要素平等交换、双向流动的制度性通道"。"推进以县城为重要载体的城镇化建设，有条件的地区按照小城市标准建设县城"。2022年5月，中共中央办公厅、国务院办公厅印发了《关于推进以县城为重要载体的城镇化建设的意见》，提出到2025年，以县城为重要载体的城镇化建设取得重要进展，经过一个时期的努力，在全国范围内基本建成各具特色、富有活力、宜居宜业的现代化县城，与邻近大中城市的发展差距显著缩小，促进城镇体系完善、支撑城乡融合发展作用进一步彰显。

（二）概念内涵与主要特征

县域城乡融合发展是县域城镇化发展到一定阶段的城乡关系表现，是随着县域城镇化的推进、县域经济体系逐步完善，县城与乡村关系进入互促互融的状态，是县域城镇化的最高阶段。因此，可以将县域城乡融合发展界定为：以县域空间为基本单元，以乡村全面振兴和城乡共同富裕为指向，以农业农村优先发展和城乡经济社会有机联结为原则，以县域为中心、以乡镇为纽带、以村庄为腹地，以县域内城乡空间优化、要素自由流动、产业协同发展、基础设施和公共服务科学供给为主要内容的中国特色城乡发展道路。换言之，县域城乡融合发展就是在县域范围内，依托域内城镇体系，推动人口、产业、资源、信息等在城乡之间合理配置，实现县域空间内的城乡要素、产业、基础设施和公共服务的协调发展。

"县域城乡融合"首次以中央政策形式出现在2021年的中央一号文件《中共中央 国务院关于全面推进乡村振兴加快农业农村现代化的意见》（以下简称为《意见》）中。《意见》将加快县域城乡融合发展作为推进乡村振兴、农业农村现代化的重要路径，提出"把县域作为城乡融合发展的重要切入点""推进以县城为重要载体的城镇化建设"等任务。县域作为城乡融合发展的空间载体具有明显的优势，相对于其他层级行政区域，更易于在经济社会发展上联结成一个有机整体，因此县域城乡融合发展也具有更加显著的特征。

1. 区域空间发展的系统协调性

县域城乡融合发展是区域空间关系的优化和提升，是以县域为单位的"向内"和"向外"两个维度的区域协同协调发展。"向内"是县域范围内城市与乡村的协同发展，"向外"则是县域与大城市的协同发展。因此，县域城乡融合发展不仅是城乡关系的协调融合发展，也是以县域为载体和县域发展为着力点的区域系统性发展战略。

从县域内城乡发展来看，一方面，要通过城镇化的推进增强县域整体发展能力，提升县城的经济社会承载能力和对乡村的辐射带动能力，构建以县城为中心、乡镇为纽带、村庄为腹地的县域城乡体系，以及以县级服务机构为辐射中心、乡镇服务网点为网格支撑，推动公共服务向乡村延伸、社会事业向乡村覆盖，形成城乡一体的县域基本公共服务体系；另一方面，要通过乡村的全面振兴提高乡村生产生活水平，通过乡村产业转型升级、社会治理优化、农民增收途径拓展等，推动城乡要素自由流动、缩小城乡发展差距，实现乡村与县城的协同均衡发展。

从县域外区域关系看，县域城乡融合要通过县域内城乡关系的融合发展助力县域在区域空间格局中发挥作用，融入邻近大城市的建设发展，承接大城市人口、产业、功能转移，成为区域经济发展和城乡体系优化的重要节点。换言之，县域城乡融合发展是我国新型城镇化的重要内容，虽然是新发展阶段对传统大城市偏向主义的合理矫正，但并不是与城市发展相对立的，而是县域与大城市之间通过共同发展实现区域布局、城镇化空间格局的优化。因此，县域城乡融合发展仍是开放性发展，并不是简单地搞县城建设、在县域内实现要素自由流动，而是要继续提高县域内外的资源配置效率，构建以县域为基本单元的区域发展格局。

2. 城乡要素交换的双向自由性

城乡融合发展是指城乡系统中各要素相互作用、相互融合的过程。城镇要素包括公共服务、人才、资本、现代文明和信息等，乡村要素包括土地、劳动力、乡土文化、农副产品和生态环境等，由于城镇与乡村是两个异质空间，城乡要素禀赋既具排斥性又具互补性。县域具有空间网状布局和城乡双重要素禀赋，是城乡要素双向流动的重要载体和城乡融合发展的重要枢纽。构建县域内城乡要素双向流动机制，就要树立县域城乡发展"一盘棋"理念，以县城、建制镇、特色小镇为依托，以共建共治共享为导向，在政府统筹下充分发挥市场对要素流动的调节作用，在城镇和乡村之间搭建要素双向流动的载体和桥梁，高效整合和利用各类生产要素、制度要素、文化要素，在推动新型城镇化与乡村振兴的良性互动中，构建布局合理、形态多样的小城镇体系，为县域城乡资源整合、要素双向流动创造空间条件和配置平台。

3. 不同区域城乡融合路径的多样性

受自然地理条件和发展历史等因素影响，我国不同县域发展条件和资源禀赋不同，推进县域城乡融合方式、路径也应该存在差异。2022 年《关于推进以县城为重要载体的城镇化建设的意见》中将县城分为大城市周边县城、专业功能县城、农产品主产区县城、重点生态功能县城和人口流失县城五种类型，并明确了不同县城的功能定位和发展方向。县域城乡融合的推进也要根据县城功能差异确定不同县域发展目标和发展路径，在准确把握不同县域发展类型的基础上，适应县域资源禀赋结构变化，顺应人口流动趋势，有差别、有重点地确立建设优先顺序，消除户籍、土地、资本、公共服务等方面的体制机制弊端，促成"一县一策"的县域城乡融合发展。

4. 县域城乡融合发展的阶段渐进性

受生产力发展阶段限制，我国大部分地区的县域经济发展相对滞后，城乡融合仍处于起步阶段，因此，推进县域范围内城乡融合发展是一个渐进的过程。一方面，县城建设和乡村振兴需要渐进推进。县域城乡融合发展是一项长期而复杂的系统工程，涵盖产业发展、市政建设、人居环境、公共服务等多个方面。以县城为载体推进新型城镇化涉及面广、难度大，应根据不同地区的发展实际，充分考虑县域经济发展的阶段性特征，稳妥把握县域城镇化的节奏、步骤及相关政策的实施，做到有序、渐进和梯次推进。另一方面，农民的市民化不能一蹴而就，是一个渐进的过程。与进入大城市相比，农民在县域定居的成本较低，更加符合现阶段老一代农民"半工半农"的生产生活特征和新一代农民"体面进城"的现实需求。但是，即使在县城内定居，仍需要获得稳定的就业、居住、社保和公共服务等支持，现有条件下，大部分农民仍不急于完全进城，而是根据家计安排渐进融入城镇，这实际上更有利于保证城镇化的稳步推进和城乡融合的高质量发展。

二 四川县域城乡融合发展的现状

四川有 183 个县级行政单位，其中包括 55 个市辖区、109 个县和自治县、19 个县级市。县域经济是四川落实"一干多支、五区协同"区域发展战略的重要支撑，是全省城乡经济社会高质量协调发展的关键载体。2021 年，全省128 个县常住人口 4597 万，约占全省总人口的 55%；地区生产总值 20887 亿元，约占全省 GDP 的 40%；第一产业总产值 6706 亿元，占全省第一产业总产值的 73%。但是，四川地理条件多样，县域发展差异性较大，推进县域城乡融合发展首先要准确把握全省县域城乡关系的总体情况。

（一）县域城镇化进程持续推进，但发展速度显著滞后于全省平均水平

从县域城镇化发展现状来看，2020 年底，四川省常住人口 8371 万人，城镇人口规模为 4746.6 万人，城镇化率为 56.73%，128 个县（市）平均城镇化率为 38.98%，低于全省城镇化水平 17.75 个百分点，说明全省常住人口以向市辖区流入为主，县城及镇区常住人口占比较低。四川县域城镇化总体水平显著低于全省平均水平，说明四川的城镇化进程仍以城市的市辖区为主，各县域

城镇化率较低且差异较大，标准差为 11.91，城镇化水平最高的泸县城镇化率接近 80%，而最低的美姑县仅为 5.12%。

（二）县域城乡发展水平与其经济发展程度正相关，地区间差距显著

从全省各地县域城乡融合发展情况来看，总体呈现出地区经济发展水平与县域城乡融合发展水平一致的趋势。从全省五个经济区发展情况来看，成都平原经济区县域平均城镇化率最高，达到 60.28%，川南经济区为 52.27%，川东北经济区为 40.56%，而攀西经济区和川西北经济区分别为 34.04% 和 34.03%。在各经济区内部，城乡融合发展也存在不均衡现象，如在成都平原经济区中，成都和德阳的县域城镇化水平明显高于其他地区；在川南经济区中，泸州市各县的城镇化水平普遍高于其他城市。

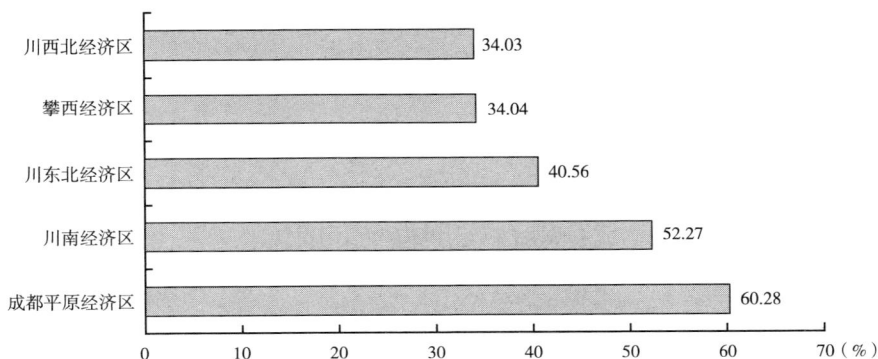

图1 四川省五大经济区县域城镇化率比较

（三）县域呈现"半城镇化"态势，户籍人口城镇化相对滞后

通过对全省 128 个县域常住人口城镇化率和户籍人口城镇化率的对比研究发现，绝大部分县域的户籍人口城镇化率都显著低于常住人口城镇化率。四川省县域户籍人口城镇化率为 26.93%，低于常住人口城镇化率 13 个百分点。从

各县情况看，仅绵竹县、邛崃县、屏山县、汉源县、芦山县5个县的户籍人口城镇化率高于常住人口城镇化率，剩余123个县均表现为户籍人口城镇化率偏低的态势。

（四）县域城乡融合发展起步较早，形成了一系列创新实践和制度成果

四川是全国较早探索以县域为单位推进城乡融合发展的地区，经过实践探索，全省各地在土地、人才、投入、新型集体经济发展、城乡民生共享机制、乡村治理机制等方面形成了一系列创新经验，如大邑县创新集体经营性建设用地入市与城乡产业协同发展机制；崇州市以"五个重构"①和"五个一体化"②，打破乡镇壁垒、区划分割，构建以主体功能区为基本单元的管理体制；泸县以宅基地制度改革推动农村传统散居向新型聚居转变，缩小城乡居住条件和公共服务差距；荣县通过城乡人才管理体制机制改革，吸引人才向农村流动，优化合理配置农村人力资源；大竹县创新实施"双靠近，三融合"模式，使农村异地搬迁安置点靠近场镇和靠近企业，构建了以县城和重点镇为载体的城乡产业融合平台。

三 四川县域城乡融合发展面临的阻碍

随着新型城镇化进程的推进，四川省县域经济发展取得了显著成效，县域内城乡关系也由二元分割逐步向融合发展转变。但是，作为农业大省和人口大省，四川省县域经济发展基础较薄弱，在大城市虹吸效应和农村发展严重滞后的影响下，全省县域城乡融合发展仍存在制度和实践层面的阻碍。

---

① "五个重构"是指组织架构、空间布局、要素供给、产业生态、社区治理五个方面的制度创新。
② "五个一体化"是指行政管理体制、规划管理体制、要素配置体制、产业发展体制、社区发展治理体制五个方面的一体化。

（一）县域空间功能互补格局尚未形成

一是大城市与县域仍呈现较为显著的"中心—外围"格局。随着城市化进程的推进，在产业集聚效应和规模经济客观规律作用下，大城市持续扩张并成为地区经济社会发展的重要牵引和区域中心，而小城镇则成为中心城市的外部区域，形成区域空间的"中心—外围"格局。

二是县域间低水平竞争和发展同质化问题亟待破解。长期以来，我国都将县作为相互竞争的经济单元，以经济"锦标赛"形式激励各县域参与竞争，虽然有学者将这一模式视为我国经济高速增长的重要原因，但是也造成了区域间独立发展、相互竞争。从调研实践来看，四川各县域仍存在较明显的同质化发展问题，目前全省不同类型县域城乡融合发展的路径差异性尚不明确，全省大城市周边县城、专业功能县城、农产品主产区县城、重点生态功能区县城、人口流失县城五种类型的县城尚未呈现明确的差异化发展态势。

三是县域内部县城、乡镇与村庄之间的结构功能有待优化。从四川各县域内城乡体系的总体发展现状看，部分先行地区已经进入城乡关系的优化调整阶段，如成都市西部片区各县、眉山市青神县等，已经初步形成了以"县城—乡镇—农村"城镇体系为载体的产业和治理分工体系。但是，全省大部分县域城乡空间结构和功能仍有待调整，特别是地处秦巴山区、"三州"等发展相对滞后区域的县域，城乡之间的产业体系、治理关系等仍保持传统城乡二元结构特征，县城承载能力有限，无法发挥对乡村的牵引带动作用，农村仍以传统农业经营方式为主，特色农产品、生态资源等优势未能转化为产业优势和经济优势，无法为乡村振兴和城乡融合发展提供支撑。

（二）县域城乡融合发展水平差距较大

一是全省五大经济区县域城乡融合发展水平存在较大差距。随着区域协调发展战略的实施，全省五大经济区逐渐进入协同发展阶段，但是受区位条件、发展基础等因素影响，不同经济区之间县域城乡融合发展水平仍存在较大差距：川南经济区和成都平原经济区的县域城乡融合发展水平最高；川东北经济区和攀西经济区县域城乡融合发展水平较低，川西北经济区县域城乡融合发展水平最低。

二是脱贫摘帽等发展相对滞后县城乡融合发展面临更大阻碍。全省脱贫摘帽县取得了显著的发展成效，部分地处民族地区、革命老区的县域虽然成功实现脱贫摘帽，道路交通等基础设施建设也取得成效，但是，由于发展基础过于薄弱，产业体系、城乡市场体系等仍待健全，县城承载能力有限，对乡村的辐射带动作用尚未显现。

（三）县域城乡产业融合发展程度偏低

一是县域产业政策中仍存在偏工业化倾向。进入工业化中后期，资本收益率增速放缓，产能优化和产业结构调整使得传统的依靠行政手段扭曲要素价格、压低企业成本的工业发展模式难以为继，但是在财政和就业的压力下，地方政府有较强的工业化、规模化倾向，仍采取传统招商引资的方式吸引工商企业投资，导致部分淘汰产能进入县域，造成资源浪费，同时也在一定程度上挤占了县域内具备发展潜力的农产品加工业、小规模服务业等的发展空间。二是城乡产业出现浅度融合和低端化发展问题。在城乡产业融合过程中，部分地区出现了融合业态低端化、同质化问题，如部分农业优势县，农产品生产环节集中在农村，特色农产品体验和零售环节集中在县城，虽然形成了城乡农商融合产业，但是缺乏农产品品牌支撑和主体间利益联结，导致零售环节与生产环节相分割、产品质量参差不齐等问题；部分地区依托优势农产品开发精深加工产品，但由于农产品加工环节缺失，多为异地代工生产后再由本地销售，流通环节成本较高、产品附加值偏低、市场认可度不高。

（四）县域城乡要素双向流动体制机制仍待健全

一是城乡土地要素交换仍受到较强的行政干预。调研发现，以行政手段干预土地市场不仅使部分农用地转为工业用地后利用效率偏低等沉疴难去，还造成了新的农村土地资源错配问题，如部分地区为打造乡村产业示范点，利用宅基地退出等获得的土地指标，通过政府项目资金整合投入的方式在农村建公园、博物馆等，但不少项目或缺乏盈利基础或缺乏经营动力，土地资源浪费现象严重。二是县域人才外流问题仍较为严重。从人口结构上看，大型城市对中高端人才的吸引力更强，县域各类专业人才不足问题日益凸显。同时，农村人力资本不足问题仍较为严重，在吸引人才方面，过于注重在产业项目上提供支持，而在农村社区高质量的公共服务供给上缺乏应有的关注。三是农村金融供给不足无法满足乡村产业振兴需求。乡村振兴催生出了城乡融合新业态，既有的农村产权融资供给无法满足新业态融资需求。在传统农业转型升级信贷需求方面，对于种植、养殖及农产品加工流通、园区建设等的信贷供给不足，这类新型农业经营主体在设施农业用地、乡村民宿等旅游设施上投入大，而目前这些生产经营性实物资产确权颁证机制不健全，资产权属不清，难以形成可供抵押贷款的资产，产权融资权能受限。

（五）县域城乡公共品供给面临较大挑战

一是县级财力不足的现实制约。2020 年全省有 57 个县一般公共预算收入少于 5 亿元。其中，15 个县一般公共预算收入少于 1 亿元、22 个县一般公共预算收入少于 2 亿元；超过一半的县一般公共预算收入少于 6 亿元。同时，县财政收入与房地产市场、金融体系深度绑定，近年来房地产市场收缩，县级财政收入来源受到严重影响。另外，随着中央对政府平台公司业务的严格管理，地方政府债务问题逐渐暴露，进一步加剧了地方财政困境。二是农村公共品供给未能与农村生产生活方式变化相适应。随着农业生产方式的变化，农村居住形态、村庄社会结构和农民生活方式均发生了重要变化，客观上要求公共品供给方式发生相应的变化。但目前农村对于部分公共品投入未能进行有效调整。随着农村居住形态的变化，新型农村社区对公共活动空间、老幼照料中心、文化服务等的需求仍未得到有效满足，如部分农村聚居点居民缺乏文体活动空间，一些村庄日间照料中心缺乏服务供给能力，还有一些村庄聚集后晾晒场地严重不足，只能占用公路两侧晾晒粮食。

四 推进四川县域城乡融合发展的重点突破

对四川而言，要在充分尊重城乡关系变迁规律的基础上，全面系统地把握全省县域发展和城乡关系的基本情况，以乡村振兴和共同富裕为目标，突出县域空间的载体作用，发挥比较优势、瞄准关键问题，在以下重点领域取得突破。

一是以县域间分类发展与协同发展相结合建立区域联动发展机制。尊重各县域资源禀赋，引导不同类型的县域探索符合自身发展规律的差异化城乡融合路径。在发展大城市周边县、专业功能县的同时，充分发挥四川作为农业大省和生态大省的优势，高度重视农产品主产区县、重点生态功能区县的筛选、培育和引导工作，改变传统的偏工业化倾向，把握农业农村优先发展和绿色发展契机，将农产品主产区县、重点生态功能区县作为展现四川县域城乡融合特色、挖掘经济新增长点的重点领域。科学研判人口流失县发展前景，尊重空间经济发展客观规律，在支持有条件的县域转型发展的同时，做好人口、要素转移和行政区划调整工作。

二是以特色优势产业培育和公共品供给优化提高县域人口集聚能力。充分挖掘全省各县域资源禀赋，引导形成县域发展比较优势，以此为基础培育县域特色优势产业，以产业集聚要素、吸引人才，破解县域人力资本不足难题。增强县城产业支撑能力，统筹培育本地产业和承接外部产业转移，促进产业转型升级；培育产业强镇，推动镇村产业集群发展，将公共服务作为吸引人才进入县域、推动县域城乡融合发展的重要突破，特别是在缺乏产业基础的县域，要充分挖掘教育、医疗、养老等社会服务事业的发展潜力，借鉴米易县等地区的做法，以公共服务优先发展吸引人才，以人才集聚带动产业发展。

三是以系统集成推进体制机制改革构建县域城乡要素双向流动格局。总结前期全省农村土地制度、集体产权制度、城乡金融体制、户籍制度等相关领域改革推进的阶段性成效和各地区的经验等，明确相关领域改革的外在关联性和内在系统性，集成推进相关改革，消除城乡要素市场双向流动仍面临的体制机制障碍，真正构建起县域城乡要素双向自由流动的格局。

四是以巩固拓展脱贫攻坚成果和乡村振兴有效衔接筑牢脱贫县域城乡融合发展基础。高度重视民族地区、革命老区等脱贫摘帽县域的城乡融合发展。继续做好脱贫摘帽县域巩固拓展脱贫攻坚成果与乡村振兴有效衔接工作，将县域城乡融合发展作为扶贫产业持续发展、脱贫乡村全面振兴的重要牵引，在继续完善帮扶政策内容、工作机制的基础上，根据脱贫县域发展基础、发展类型和发展需要制定城乡融合发展专项扶持政策体系。

县域经济高质量发展推动共同富裕的田东实践

凌经球　覃海珊[*]

摘　要：共同富裕是社会主义现代化的重要目标。当前，实现共同富裕最大的难点在农村，最大的短板在县域。党的十八大以来，田东县在特色产业发展壮大、主导产业转型升级、城乡要素改革破冰等重点领域积极探索，取得了明显成效。站在新的历史起点，田东县应立足产业基础、资源禀赋和功能定位，加快推动特色优势产业聚集、推进以县城为重要载体的城镇化建设、深化改革创新、提升人民生活品质，以县域经济的高质量发展助力实现共同富裕。

关键词：县域经济　高质量发展　共同富裕　田东县

---

* 凌经球，中共广西区委党校、广西行政学院经济学教研部教授，主要研究方向为贫困治理、区域经济；覃海珊，广西社会科学院农业农村研究所副所长、副研究员，主要研究方向为农业经济、县域经济。

一 问题的提出

共同富裕是中国特色社会主义的本质要求，是社会主义现代化的重要目标。党的十八大以来，以习近平同志为核心的党中央坚持以人民为中心，把逐步实现全体人民共同富裕摆在更加重要的位置上，带领全国人民打赢脱贫攻坚战、全面建成小康社会、实施乡村振兴战略，着力推动区域协调发展，采取有力措施保障和改善民生，为新时代促进全体人民共同富裕创造了良好条件。党的二十大对扎实推进共同富裕做出重要部署，将"实现全体人民共同富裕"作为中国式现代化的本质要求之一，同时，明确提出到 2035 年实现"人的全面发展、全体人民共同富裕取得更为明显的实质性进展"的战略目标。站在新的历史起点上，对标新的目标要求，不容忽视的是，我国城乡区域发展、收入分配差距仍然较大，解决发展不平衡不充分问题、缩小城乡区域发展差距、实现人的全面发展和全体人民共同富裕仍然任重道远。

县域是我国经济、社会、生态、文化目标的基本执行单元。相关统计显示，截至 2021 年底，我国县级区划数 2843 个，除市辖区外，全国共有县、县级市、自治县、旗等县级单元 1866 个，其中西部地区 829 个，占全国除市辖区外的县级区划数的 75.92%[①]；2021 年全国县域户籍人口 8.97 亿人，占全国人口总数的 63.33%[②]；县域面积（不含市辖区）727.50 万平方公里，占全国面积的 75.78%[③]，县域覆盖了全国大部分人口尤其是农村人口，是推进城乡融合发展的重要切入点，是全面实施乡村振兴的主战场，县域层面何时实现共同富裕、怎样实现共同富裕，直接关系到全体人民实现共同富裕的进度和成色。田东县位于广西西部、百色市东南部左右江河谷中心地带，是

[①] 根据《中国统计年鉴 2022》中相关数据整理得出。
[②] 根据《中国人口和就业统计年鉴 2022》中相关数据整理得出。
[③] 根据《中国城乡建设统计年鉴 2021》中相关数据整理得出。

百色起义的策源地，是一个以壮族为主体的多民族聚居县，也是"十三五"时期的国家扶贫开发重点县。同时，田东县还是西南地区出海大通道必经之路，是北部湾、珠三角往西南地区的重要通道，也是中国—东盟自由贸易区交通走廊。在我国县域经济版图上，田东县的知名度并不是最高的，也不属于县域经济"第一梯队"。但正因如此，田东的发展在更普遍的层面具有典型性，通过探讨田东县推动县域经济高质量的具体实践，能够为地处西部地区、革命老区、脱贫地区、少数民族聚居区、资源富集区等特殊类型区域的县域在如何发展特色产业、联农带农、改革创新等领域提供一定的经验借鉴，有助于地处特殊类型区域的县域探索符合自身实际的实现共同富裕的有效路径。

二 田东县推动县域经济高质量发展的实践成效

田东县历史悠久、气候宜人、资源丰富、区位优越、物产丰饶。党的十八大以来，田东县坚持以习近平新时代中国特色社会主义思想为指导，全面落实中央和自治区、百色市重大决策部署，积极服务和融入新发展格局，推动全县经济社会发展和城乡面貌实现历史性突破，如期打赢脱贫攻坚战、与全国同步全面建成小康社会，开创了县域经济高质量发展的新格局，为新时期扎实推进共同富裕夯实基础。

（一）综合实力迈上新台阶

1. 经济体量发展壮大

田东县生产总值由 2012 年的 112.02 亿元提升至 2021 年的 194.26 亿元，在广西县域［70 个县（市），不含城区，下同］排名中由 2012 年的第 20 位提升至 2021 年的第 17 位，地区生产总值年均增长 5.6%；地区生产总值高于广西县域平均水平，2012 年与广西县域平均水平（90.45 亿元）相比，田东县 GDP 高出 21.57 亿元，2021 年高出 49.78 亿元。第一、第二、第三产业增加值 2021 年分别为 45.78 亿元、89.26 亿元、59.22 亿元。2012~2021 年，田东县经济体量在广西县域中的比重不断提高，地区生产总值占广西县域的比重由 2012 年的 1.77% 提升至 2021 年的 1.92%，第一产业产值占广西县域第一产业产值的比重由 1.32% 提升至 1.71%、第二产业占比则由 2.21% 提升至 3.07%。

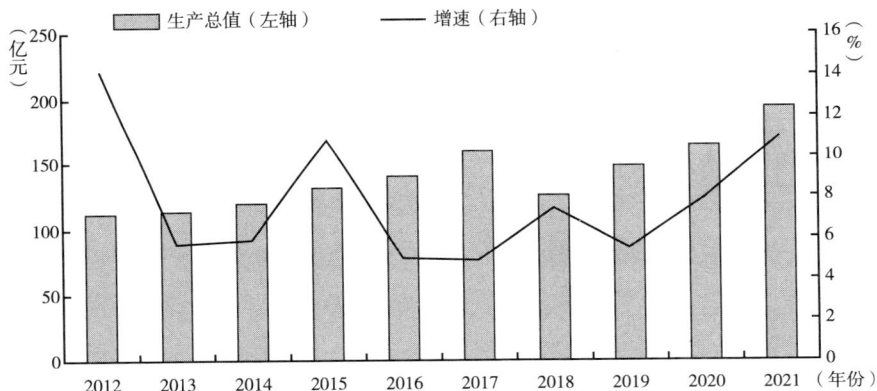

图1　2012~2021年田东县生产总值及增速

数据来源：2012~2022年《广西统计年鉴》中相关数据整理得出。

2. 经济发展质量不断提升

田东县一般公共预算收入由 2012 年的 7.5 亿元增加至 2021 年的 8.35 亿元，高于广西县域平均水平（2012 年为 4.25 亿元，2021 年为 5.75 亿元），且在广西县域排名中稳定保持在前 15 位。田东县财政自给率高于广西平均水平 10 个百分点以上（2012 年高出 11.78 个百分点，2021 年高出 12 个百分点），列广西 70 个县（市）的"第一方队"，且排名不断提升，由 2012 年的第 10 位跃升至 2021 年的第 5 位。

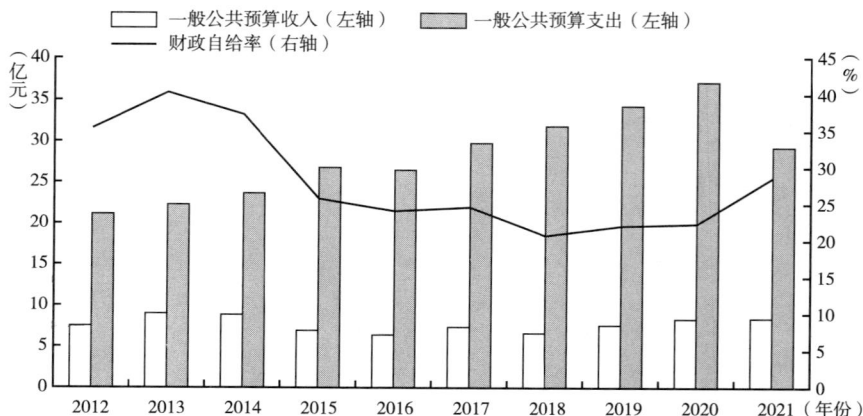

图2 2012~2021年田东县一般公共预算收入和支出及财政自给率

数据来源：2012~2022年《广西统计年鉴》中相关数据整理得出。

（二）特色产业提质增效

1. 现代农业提档升级

完成粮食生产功能区和糖料蔗生产保护区划定，粮食、糖料蔗、蔬菜种植面积分别稳定在35万亩、20万亩、28万亩以上，重要农产品供给保障有力。以芒果产业为引领做好"土特产"文章，2017年田东县入选首批中国特色农产品（芒果）优势区，2019年入选国家首批农村产业融合发展示范园，农业部专门下文支持以田东为代表的广西芒果产业发展并共建国家芒果种质资源圃，成功举办第十二届世界芒果大会和首届中国芒果产业大会，东养芒果产业现代化示范区被评为自治区级优势特色农业产业示范区，打造"全国一村一品（芒果）示范村"3个，田东县已成为全国四大芒果产区之一，是远近闻名的"中国芒果之乡"，芒果产业已成为田东县重要的支柱产业、富民产业、民生产业。截至2021年，田东县芒果种植面积达35.12万亩，年产量达26万吨，产值约15.9亿元。田东县还是我国重要的"南菜北运"基地，2021年蔬菜种植面积达33.41万亩，产量达到62.65万吨，长江天成农业有限公司被认定为供粤港澳大湾区和出口农产品示范基地，获评2022年度国家级生态农场，祥周镇中平村、平马镇四平村分别获评全国"一村一品（香葱）"示范村、全国

"一村一品（番茄）"示范村。

2. 工业产业优化升级

田东县坚持工业优先发展，已形成以石化工业园为核心载体，以锦江集团为龙头，以氯碱化工循环产业为主导，制糖、造纸、建材、电力、木材加工等产业协同发展的产业体系。全县具备氧化铝80万吨/年、烧碱50万吨/年、甲烷氯化物30万吨/年、水泥400万吨/年、硅锰合金20万吨/年、聚合氯化铝10万吨/年、双氧水10万吨/年、氯化聚乙烯7万吨/年、甘蔗日榨1.8万吨、造纸25万吨/年、发电装机容量90万千瓦的生产能力。[①] 2022年，田东县工业投资累计完成30.57亿元，同比增长198.5%，增速排全市第二。规模以上工业企业51家。工业能耗消费量108万吨，同比减少20万吨，万元增加值能耗同比下降20%。

3. 现代服务业蓬勃发展

田东县公铁水联运大物流格局基本形成。电子商务稳步发展，设立百色市首个电子商务协会、电子商务聚集发展区（电商街），电商企业和从业群体快速增加，获评全国电子商务进农村综合示范县，建成1个县级物流中心、5条县域物流路线，以及95个乡（镇）、村级站点，形成县乡村三级电子商务物流配送体系。文旅产业融合加快发展，打造"右江水岸的青春传奇"文旅品牌，优化红色旅游线路设计，田东县被确定为广西红色旅游融合发展试点备选单位，右江工农民主政府旧址入选广西研学旅游精品路线，百谷红军村入选全国100个红色村庄，林逢镇林驮村获评中国美丽休闲乡村，祥周镇模范村被列入第二批全国乡村旅游重点村，平马镇四谷村、四平村获评广西乡村旅游重点村，"红带绿"品牌影响力不断提升。

（三）城乡面貌焕然一新

1. 城镇综合承载能力不断提升

空间规划不断优化，县级空间总体规划通过专家审查。城市功能品质显

---

① 数据由田东县工信局提供。

著提升，围绕城南滨江新区"一轴、一带、一环、两廊"的规划布局，把城南滨江新区重点打造为集居住、休闲、娱乐、商务、购物、教育等于一体的现代化城区，"六纵六横"路网格局基本建成，新老城区实现良性互动发展，城镇老旧小区改造在广西城镇老旧小区改造工作考评中获得优秀。城市精细管理不断加强，黑臭水体治理、公共供水管网漏损治理有序开展，持续创建国家卫生县城，建设工业品市场，实施智慧停车项目，建设数字化城管系统。中国芒果小镇建设进展顺利。截至 2021 年，田东县建成区面积 13.41 平方公里，常住人口城镇化率 44.78%，县城人口 8.15 万人。①

2. 城乡融合建设深入实施

近年来，田东县坚持城乡一体推进，稳步推进祥周集镇试点建设项目，有序开展乡镇干部周转房建设，乡镇三年提升计划特色街道改造项目全面建成。完成 130 个基本整治型村庄、10 个设施完善型村庄和 2 个精品示范性村庄建设。完成 2 个生活垃圾中转站建设，实施 2 个污水管网建设项目、4 个农村生活垃圾处理设施项目。美丽田东乡村建设取得突出成效，作登乡平略村陇造屯获评广西人居环境整治、乡村风貌提升示范点，乡村风貌改造"三个结合""田东模式"在百色市被推广。

（四）人民生活品质不断提升

1. 民生保障显著增强

田东县始终牢固树立以人民为中心的发展思想，把增进民生福祉作为履职的根本目的。坚持教育优先发展，利用编制"周转池"制度，争取到 512 名编制，历史性解决中小学教职工编制总量配备不达标问题；落实教育资助政策，完成扩大学前教育资源奖补资金项目、改善普通高中办学条件中央补助经费项目等建设；成立励志教育专门学校，落实"双减"政策及高考综合改革，教育教学质量稳步提高。医疗卫生明显改善，实施公共卫生防控救治能力建

---

① 数据来源于《广西建设年鉴 2021》。

设三年行动计划，开辟"绿色通道"面向社会公开招聘乡村医生及乡镇卫生院技术人员，深化"三医联动"改革，推进远程问诊，提升"智慧村医"服务能力。实施就业优先政策，2022年城镇登记失业率为2.16%。文化惠民工程扎实推进，实现戏曲进乡村全覆盖，推进"三个文化"工作，瑶族呗咧曲、七里刺绣制作技艺、朔朗酸梅酒酿造技艺等3个项目入列百色市第八批非物质文化遗产代表性项目。社会文明程度持续提升，全县"桂志愿"系统实名注册志愿者8.2万人，志愿者活跃度超过80%，位居百色市前列。打造4个市级移风易俗示范村，完善各村屯"一约四会"①。

2. 人民收入水平持续提高

田东县城镇居民人均可支配收入由2012年的22334元增加至2021年的39417元，农村居民人均可支配收入由2012年的6419元增加至2021年的19252元，城乡居民收入比由3.48：1降低至2.05：1，城镇居民人均可支配收入、农村居民人均可支配收入及城乡居民收入比在广西县域排名中分别为第11位、第8位及第11位，城乡居民收入水平列广西"第一方阵"。2021年，田东县城镇居民人均可支配收入略高于广西平均水平（38530元）；农村居民人均可支配收入高于广西、西部地区、中部地区、东北地区及全国平均水平。

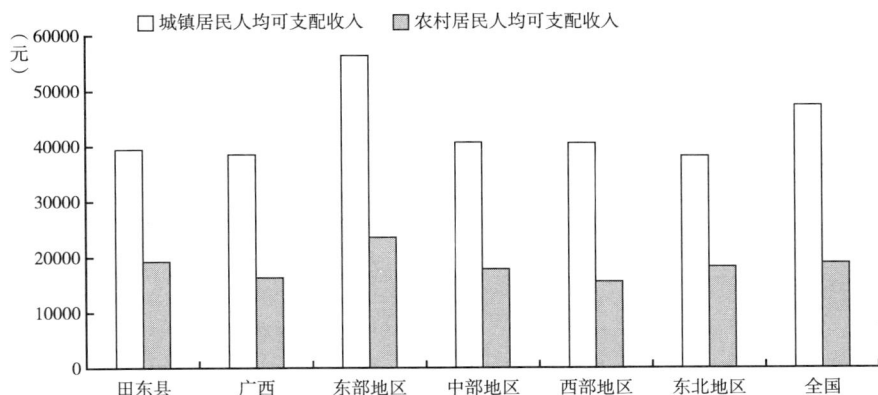

图3　2021年全国、四大板块、广西及田东县居民人均可支配收入

数据来源：2012~2022年《广西统计年鉴》中相关数据整理得出。

① "一约四会"是指村规民约、屋场会、互助会、理事会、履约评议会。

3. 脱贫攻坚取得历史性成就

田东县大力弘扬脱贫攻坚精神，全面开展脱贫攻坚阵地战，53 个贫困村全部摘帽、减贫 1.3 万户 5.2 万人，贫困发生率从 2015 年底的 15.01% 到 2020 年实现"清零"。易地扶贫搬迁贫困人口 3671 户 15234 人，作为广西唯一代表在全国 2018 年扶贫日系列论坛易地扶贫搬迁论坛作主旨发言。金融扶贫得到习近平总书记充分肯定，党建扶贫、健康扶贫、民政及社会帮扶、易地扶贫搬迁等工作获中央有关部门肯定和表扬。2018 年实现整县高质量脱贫摘帽，历史性摘掉贫困县帽子，先后荣获全国脱贫攻坚奖组织创新奖和全国脱贫攻坚先进集体。脱贫攻坚成果巩固拓展，健全"一卡连心二网监测三业赋能"防贫预警机制，落实教育、医疗、住房和饮水等民生保障普惠性政策。扎实做好易地搬迁"后半篇文章"，建设安置点配套产业园，3498 户有劳动力的搬迁户实现就业。

三　田东县推动县域经济高质量发展的实践举措

（一）注重科技赋能

1. 坚持科技兴农

田东县高度重视芒果特色品种的研发和品质的提升，充分借助"外脑"推动芒果新品种、新技术的试验、示范和推广应用。一是抢抓建设全国农村改革试验区、国家现代农业示范区契机，与中国热带农业科学院（以下简称"热作院"）签订合作协议，由热作院每年定期派出专家到田东县指导和培训种植户，并与田东县合作建设中国芒果种质资源圃，加强芒果种质资源收集、保存和科学研究与利用，提升芒果种业的自主创新能力。二是积极与广西农科所共建芒果试验站，与广西芒果创新团队达成协议，由创新团队专家组到芒果基地进行现场指导培训，加快芒果优新品种的引进、选育、繁殖以及栽培新技术研究，促进芒果品种结构调整及芒果品质提升。2021 年，田东县芒果优良品种覆盖率达 93%。

田东县禽蛋产业从厂房设计到生产运营都体现了科技含量。为破解县域南北两翼石漠化地区"九分石头一分土"的产业发展难题，田东县引进田东钱记鲜蛋养殖有限公司，在思林镇可恒村建设钱记蛋鸡产业核心示范区，通过建设高楼蛋鸡舍，提高土地利用率。蛋鸡养殖采用国内一线品牌饲养设备，配备自动供水供料系统、智能环控系统、自动除粪系统和自动采蛋系统，实行舍不见人、料不见天、粪不掉地、蛋不粘手的现代化蛋鸡养殖新模式。同时，强化要素集成。一方面，与中国农业大学、广西大学、广西畜牧兽医研究院等科研机构紧密联系，组建专家技术团队，从园区建设到日常生产再到疫病防控，专家团队定期开展示范区指导、培训等工作；另一方面，在人员培养上，示范区与广西水产畜牧学校共同建立实习基地，为园区蛋鸡养殖不断输送应用型技术人才。

2. 坚持以企业为主体延伸创新链

习近平总书记指出，"推进科技创新，要在各领域积极培育高精尖企业，打造更多'隐形冠军'，形成科技创新体集群"。田东县在推动石化产业转型升级的过程中，充分发挥企业在创新链中的主体作用，打造了一批科技型企业，支持企业开展技术研发创新。积极推动锦江产业园绿色化工新材料一体化、五福矿业工程研究中心、春盛年产9.8万吨漂白纸浆技改等项目投产建设。加大企业研发投入，2021年为规上企业研发投入1.6亿元，同比增长50.1%。深入实施"千企技改"工程，推动全县工业技改项目遍地开花，锦盛化工热力系统升级改造项目、龙河建筑年产12万吨工业石灰（氧化钙）配套氢氧化钙技改项目、春盛纸业年产10万吨箱板纸技改工程项目等18个项目技改升级。[①]截至2022年，全县高新技术企业11家，战略性新兴产业企业8家，科技型中小企业入库培育达6家，[②]锦盛化工、锦亿科技、锦桂科技等7家企业被列为自治区"专精特新"企业，锦盛化工被列入年度广西数字化车间认定名单，锦

---

① 《百色田东县：实施"人才强县"战略推动工业高质量发展》，http//www.gx.news.cn/2022-05/10/c_11286383003.htm，2022年5月10日。

② 数据由田东县工信局提供。

鑫化工获评工信部绿色制造企业，锦盛化工、锦鑫化工先后被评为广西绿色工厂，锦盛化工、锦鑫化工连续 3 年入围广西民营企业 100 强；锦亿科技获得"广西高新技术企业"荣誉称号，上榜广西工业龙头企业名单（第二批），成为绿色化工新材料产业类别基础化工原料产业链的龙头企业，是广西唯一、西南地区最大的甲烷氯化物生产制造企业。

3. 坚持人才赋能产业

田东县健全人才发展机制，出台急需紧缺人才引进暂行办法、柔性引才暂行办法、招商引资特优政策、"八园一镇"投资合作要略等政策体系，为企业人才提供政策保障。搭建人才研发平台，建设石化工业园区、科技研发服务中心人才创业孵化基地。广西精细化工产品质量检测中心、化学工程联合国家重点实验室中试基地和园区产业孵化中心落户园区，认定自治区级星创天地 2 家、市级工程研究中心 1 家。推进人才技术创新，田东锦鑫化工有限公司在铝产业专家赵志强带领下开展"氧化铝生产中腐殖酸危害的控制与管理技术研究""氧化铝分解精液板式热交换效率提升方法研究与应用"等 21 项工艺研究，已结题 19 项。据统计，田东县 2021 年产业人才队伍达 6738 人。

（二）注重规模化扩量

1. 生产规模化

推进芒果种植规模化。田东县在确保芒果品质的基础上，将种植区域由右江河谷拓展到南北两翼山区，种植规模不断扩大。芒果种植示范基地或标准园 18 个，2022 年底，全县芒果面积 34.21 万亩，产量 32.1 万吨，总产值 14.34 亿元，占全县农林牧渔业总产值的 19%。

推进生猪产业规模化。田东县以重点项目为引领，推进东方希望百万头生猪产业链项目建设，全县已有 7 家大型龙头养殖公司入驻。截至 2022 年，全县有年出栏 500 头以上规模生猪养殖场 173 个，其中年出栏 2000 头以上大型养猪场达到 52 个，规模化养殖占比达到 83% 以上，牧源、雄桂扬翔、举家富等公司生猪养殖基地被评为国家级生猪储备基地。

推进秋冬蔬菜生产规模化。田东县充分利用闲置菜地、田地等土地资源，通过流转集中土地，以"水稻＋秋、冬种蔬菜""菜—豆（花生）—菜"等种植模式，高质量发展秋冬蔬菜产业，重点推进长江天成有机蔬菜、盛农农业大棚蔬菜、深百农产品供应链僚坤蔬菜等生产基地建设。截至 2021 年底，全县蔬菜年总产量达到 62.65 万吨，1000 亩以上相对连片的秋冬蔬菜基地 10 个以上，总产值 16.8 亿元。

2. 经营组织化

发展多种形式的适度规模经营，培育新型农业经营主体，是建设现代农业的前进方向和必由之路。[1] 田东县加大企业、农民专业合作社和家庭农场等新型农业经营主体的培育和引进力度，大力推进"企业＋农户""企业＋基地＋农户""企业＋合作社＋农户""基地＋农户"等农业产业化经营模式，鼓励农户以土地入股、技术入股或合同方式与合作经济组织结成"利益共享、风险共担"的共同体，优先安排入社农户到合作经济组织和基地务工。如田东县钱记蛋鸡产业核心示范区通过流转石漠化土地，每亩流转租金为 800 元／年，每年发放流转土地租金共 56 万元，示范区还为当地 150 名村民提供就业岗位，每人月均工资为 4100 元。此外，田东县 16 个脱贫村投入村集体经济发展本金2000 万元参与示范区经营，自 2017 年以来，示范区已为当地 16 个脱贫村创收达 300 多万元。[2] 截至 2022 年，全县已培育龙头企业 17 家，其中自治区级重点农业龙头企业 3 家，市级重点农业龙头企业 14 家；成立农民专业合作社558 家，家庭农场 160 家；打造自治区级现代特色农业（核心）示范区 3 个，县级示范区 5 个，示范园 29 个。[3]

3. 工业园区化

近年来，田东县以产业园区发展作为县域经济高质量发展的主战场和推

---

① 习近平：《走中国特色社会主义乡村振兴道路》，在 2017 年 12 月 28 日中央农村工作会议上的讲话。

② 《广西田东县钱记蛋鸡："五化"打造现代特色农业示范区》，https://www.163.com/dy/article/GPDFNLUH05523D39.html，2021 年 11 月 22 日。

③ 《田东：大力发展特色产业 奏响乡村振兴乐章》，https://www.sohu.com/a/577321749_120077001，2022 年 8 月 15 日。

进器，大力推进绿色化工循环产业园、农产品加工轻工业园、绿色现代林木产业园、新材料产业园等"四园"建设，加快推动县域工业规模化、集群化、专业化、智能化发展。绿色化工循环产业园以氯碱化工为基础，以化工新材料为主攻方向，建设以氯碱化工—硅化工／氟化工生产一体化、氟硅材料为主干、其他化工新材料和精细化学品及烧碱制造为两翼的化工制造基地，着力打造成广西乃至中国面向东盟国家的化工新材料产品创新发展基地、循环经济产业示范园区。农产品加工轻工园全部建成后可满足 20 家以上大型农产品加工企业创业发展需求，填补田东县农产品深加工和现代电子产品产业空白，打造具有国际与区域影响力的绿色食品加工基地及智能电子产业集群。绿色现代林木产业园建成后将引进高端板材、高档家具、木地板、木门等林产品精深加工企业，着力构建生产要素集聚、产业链完善、产品档次高端、功能齐全的现代林业产业集群，将园区建设成为广西现代林木加工制造产业集聚发展的重要引领区。新材料产业园以高端绿色新材料循环经济产业链为特色，重点向精品钙基、辉绿岩等新材料发展，着力建设品种齐全、产品高端、质量精品、服务完善的新材料产业集群，以"百亿元"产业园区为目标，打造田东高端新材料品牌。截至 2021 年，绿色化工循环产业园入园企业 87 家，其中规上工业企业 29 家，规模以上工业产值 106.36 亿元，占全县规上工业总产值的 80.67%；其中主导产业氯碱化工、铝冶炼、石油化工实现产值 76.38 亿元，占园区规上工业产值总量的 71.81%；主导产业实现税收 5.72 亿元，占园区全部税收的 79.22%。[①]

（三）注重产业化增效

1. 工业领域：延伸氯碱化工产业链

田东县立足石化工业园区产业基础，实施产业补链强链工程，延伸氯碱化工等产业链条，补齐硫酸等产业短板，培育壮大龙头企业，增强带动

---

① 数据来源：田东县工信局提供。

辐射作用。同时引导氯碱产业向能耗低、附加值高的氟化工、氟硅高分子材料等精细化工产业发展，推动产业基础高级化、产业链条现代化。氯碱化工行业已形成以锦盛化工公司为上游龙头企业，锦鑫化工、锦亿科技、锦桂科技、达盛化工、中洲科技等耗氯耗氢耗盐酸等为下游配套企业的循环产业。

2. 农业领域：推动一二三产业融合发展

推动农产品加工与物流业融合发展。田东县以芒果加工与物流产业园区为抓手，引进香港巨人园、深圳从玉集团、鲜友科技等农产品加工企业，促进加工仓储与物流集散联动发展，推动芒果产品向精深加工和集群化发展。同时，钱记蛋鸡产业核心示范区具备了年产18万吨的饲料加工以及年产15万吨的有机肥生产能力，带动全县农业种养、加工、肥料、物流、销售等上下游产业发展。

强化产销对接。一是大力发展电子商务，成立电子商务协会，打造电商一条街，建成集产品展示、电商培训、仓储物流、创业孵化于一体的电子商务公共服务中心，引进41家电商企业，有销售田东芒果的电子店铺3500多家，每年芒果电商销售量占总销量的30%左右。充分发挥"农派三叔"、东冠果业等本土电商龙头企业的辐射带动作用，2021年销售西红柿、圣女果、辣椒、百香果、大清枣等果蔬200多万公斤，鸡鸭2.7万羽。[①] 二是建立健全供应链设施，田东县已建立专业交易市场2个，以及中国芒果产业交易中心、优质果蔬交易中心各1个，冷链中心1个、库容2.4万立方米；冷库21个、库容1.5万立方米，培育水果生产服务企业246家。

推动农旅融合发展。着力推进"1+17"产旅融合示范点项目，打造了以平马文设芒果家庭农场、天成有机蔬菜量化生产基地、天成智慧育苗工厂等为代表的产旅融合优质产业项目，带动田东县农旅产业发展。2017年田东县被农业部评为"全国休闲农业和乡村旅游示范县"。

---

① 《田东：大力发展特色产业 奏响乡村振兴乐章》，https://www.sohu.com/a/577321749_120077001，2022年8月15日。

（四）注重品牌化提质

1. 以标准化生产育品牌

田东县制定《地理标志产品　田东香芒》《地理标志产品　田东香芒标准果园建设管理规范》等地方标准，构建芒果种质、良种使用、施肥、灌溉、病虫害防治、质量管理、销售管理等全程标准化体系，引导芒果生产基地按标准生产技术规程开展生产，扶持芒果生产基地经营业主进行芒果绿色食品认证。钱记蛋鸡产业核心示范区以生产高品质鲜蛋为核心，建立规范管理体系，制定有关饲料加工、蛋鸡养殖以及有机肥生产等规程。推动田东县壮乡嫂山茶油等企业完善技术标准体系、质量认证体系等，推进山茶油产业产品标准化生产，提高加工水平和产品质量。祥周镇中平村通过"统一规划、统一品种、统一技术、统一品牌、统一销售"的生产方式，推动香葱产业高产、高质、高价，成为广西有名的香葱专业村、广西百村百品示范村。

2. 以质量安全树品牌

田东县严格执行质量管控溯源，开展 QS、ISO、"三品一标"、"圳品"品牌认证，推动将"三品一标"农产品生产经营主体及产品纳入国家追溯平台。至 2022 年，全县已认证"三品一标"农产品 73 个，认证面积 66.57 万亩，涉及农业主体 50 个，涵盖芒果、火龙果、鸡蛋、番茄、樱桃番茄、辣椒等，认证数量居百色市第一、自治区前列；长江天成农业有限公司生产的小白菜、冬瓜、辣椒获"圳品"认证，黄瓜和菜心获"港品"认证；认证地理标志农产品（田东香芒果）1 个，面积 34.21 万亩，[①] "百冠"芒果基地和"举家富"芒果基地获得出口果园备案登记。为保证芒果品质，田东县成立芒果行业商（协）会，管理和规范会员营销行为，根据不同芒果品种的成熟时间制定上市日制度，开展芒果果品质量安全专项整治，密织从种植到消费市场（生产加工）的质量安全责任网。

---

① 《田东着力构建高质量农业产业体系助推乡村振兴》，http://www.gx.xinhuanet.com/2023-04/20/c_1129541169.htm，2023 年 4 月 20 日。

（五）注重改革创新

1. 农村金融改革持续领跑全国

2008年，田东县启动农村金融综合改革试点，构建了包括信用、机构、支付、保险、担保、村级服务组织在内的"六大体系"，形成多层次、广覆盖、可持续的农村金融改革"田东模式"，有效缓解了农户缺资金、贷款难问题。2016年，田东县结合乡村发展需要，启动农村金融"升级版"。"升级版"以信用建设为核心，开发数字普惠金融服务平台，推进组织机构体系、农村信用体系、支付结算体系、保险保证体系、抵押担保体系、村级服务体系的升级。截至2022年上半年，全县拥有11家银行金融机构、18家非银行金融机构，通过推动各类金融机构入驻数字金融服务平台，下沉至乡镇、行政村，基本解决"三农"融资渠道单一的难题。通过完善农村信用信息大数据系统，赋予信用平台自助查询、自助增信和申请贷款功能，解决了金融机构和群众间信息不对称问题。此外，升级支付结算体系，引导群众运用微信、支付宝、云闪付等现代支付工具，并选定有实力的保险公司承接政策性农业保险，根据产业发展实际调整农业保险品种。拓展抵押担保物范围，推动林权、土地承包经营权等抵押贷款。截至2022年上半年，田东银行业金融机构各项贷款余额174.28亿元，同比增长20.62%，其中涉农贷款占比超70%。2021年4月，广西人民政府办公厅印发《农村金融改革"田东模式"六大体系升级建设方案（2021—2023年）》，在全区推广建设"田东模式"六大体系"升级版"。①

2. "农地入市"盘活资源

2017年，田东县承担新增国家农村改革试验区"深化农村集体产权制度改革"试验任务，先后出台《农村产权交易管理办法》《农村集体"三资"

---

① 《改革引路 振兴加速——看田东县如何实施改革集成破解乡村振兴瓶颈》，https://www.moa.gov.cn/xw/qg/202208/t20220826_6407908.htm，2022年8月26日。

管理制度》等一系列文件，为全县农村产权管理提供制度保障。截至 2021 年 5 月，田东县全面完成农村集体林权、集体土地所有权、农村土地承包经营权、小型水利工程项目产权的确权工作，集体建设用地使用权、农村宅基地使用权、农房所有权确权，集体"三资"清理等工作全面推进，各项产权权属更加明晰。田东县以农村集体产权制度改革为基础，探索集体经营性建设用地入市管理办法，以农村产权交易中心为平台，推动闲置农村集体经营性建设用地入市交易，办理 1900 亩集体经营性建设用地抵押贷款，田东县成为广西第二个农地入市融资试点县区。2022 年，完成产权交易额 13.45 亿元、土地经营权流转鉴证 14.27 万亩、产权抵押贷款 18.54 亿元，产权交易量保持全区前列。

3."一票赞成"激励干部担当作为

为破解常规绩效考评程序烦琐、过度留痕等难题，田东县改革绩效考评办法，创新实施"一票赞成"制度，对落实上级重大决策部署和全县中心工作取得重大突破、重大成效的经验做法在全国全区推广，获全国全区表彰奖励的单位，只要没有"一票否决"的事项，在年度绩效考评中直接将单位评为绩效考评一等单位。

四 总结及对策建议

党的十八大以来，田东县充分发扬革命老区的斗争精神，勇于创新、敢于突破，在推动特色产业做大做强、主导产业转型升级、城乡要素改革破冰等领域为欠发达后发展地区做出了有益的探索，取得了明显成效。站在新的历史起点上，面临新的形势任务、战略机遇和风险挑战，县域经济被赋予新的使命。田东县必须完整、准确、全面贯彻新发展理念，找准田东县在中华民族伟大复兴建设、新时代壮美广西建设中的历史方位，主动融入西部陆海新通道，积极服务广西百色市重点开放试验区建设，以高质量发展为主题，以供给侧结构性改革为主线，立足产业基础、资源禀赋和功能定位，紧扣工业、乡村、交通、城镇、文化、民生、改革七大振兴，以"五园"①建设为抓手，以"一县"②创建为引领，以"一区"③建设为支撑，以"一基地"④构建为保障，把推动特色优势产业集聚集群发展作为壮大县域经济的重中之重，把以县城为重要载体的城镇化建设作为提升生产、生活、生态品质的重要举措，把深化改革创新激发全县人民敢为、敢闯、敢干、敢首创的担当和魄力，不断满足人民对美好生活的向往和缩小城乡、区域差距作为奋斗目标，坚持创新提速、产品提质、改革提效，强化政策支持、要素支撑和服务保障，着力开辟发展新领域新赛道，塑造发展新动能新优势，以县域经济的高质量发展加快实现共同富裕。

---

① "五园"指绿色化工循环产业园、农产品加工轻工园、绿色现代林木产业园、新材料产业园、物流园。
② "一县"指争创全国乡村振兴示范县。
③ "一区"指城南滨江新区。
④ "一基地"指新能源基地。

聚焦"五园一县一区一基地"建设
谱写田东县域经济高质量发展新篇章

韩启强[*]

摘　要： 县域是全面推进乡村振兴、实施以县城为重要载体的城镇化建设的重要场域，高质量发展是全面建设社会主义现代化国家的首要任务。广西百色市田东县坚持以高质量发展为主题，紧扣工业、乡村、交通、城镇、文化、民生、改革"七大振兴"工作主线，以建设五大园区为突破，加快推动田东工业转型升级；以争创国家乡村振兴示范县为目标，加快推动田东城乡融合发展；以打造城南滨江新区为样板，着力提升田东新型城镇化水平；以建设新能源基地为引领，加快推动田东绿色发展，开启乡村全面振兴、产业优化升级、城乡协调发展、绿色转型发展等新时代重大课题"田东篇章"。

关键词： 县域经济　高质量发展　田东县

---

[*]　韩启强，广西壮族自治区田东县人民政府县长。

　　田东县位于广西西部、百色市东南部左右江河谷中心地带，行政区域面积2816平方公里，2021年全县城市建成区面积13.49平方公里。截至2021年底，全县户籍人口43.98万人，其中城镇户籍人口10.48万人；常住人口35.15万人，其中，城镇常住人口15.74万人，县城所在地常住人口约11.7万人，常住人口城镇率44.78%。田东县是一个以壮族为主体的多民族聚居县，居住着壮、汉、瑶、侗、苗、仡佬、毛南、回、彝、满、蒙古、布依等12个民族。田东县区位条件优越，属南宁1小时经济圈，一条高铁、一条黄金水道、两条铁路、三条高速公路贯穿全境东西南北，是西南地区出海大通道必经之路，是北部湾、珠三角往西南地区的重要通道，也是中国—东盟自由贸易区交通走廊。2021年，田东县地区生产总值194.26亿元，第一、第二、第三产业产值分别为45.78亿元、89.26亿元、59.22亿元，三次产业比重为23.56：45.95：30.48；一般公共预算收入8.35亿元；社会消费品零售总额24.11亿元；出口总额4555万美元；居民人均可支配收入27288元，城镇居民人均可支配收入39417元，农村居民人均可支配收入19252元，三项收入指标均高于广西平均水平。

　　近年来，田东县委、县政府始终坚持以习近平新时代中国特色社会主义思想为指导，深入学习贯彻党的十九大、十九届历次全会和二十大会议精神，牢牢把握新发展阶段，完整、准确、全面贯彻新发展理论，立足田东实际，紧扣工业、乡村、交通、城镇、文化、民生、改革"七大振兴"工作主线，以建设绿色化工循环产业园、桂西（田东）绿色现代林木产业园、农产品加工轻工业园、新材料产业园、物流园，争创国家乡村振兴示范县、建设城南新区、打造新能源基地等"五园一县一区一基地"为主要抓手，主动服务和融入新发展格局，全力开启乡村振兴、产业结构转型升级、城乡协调发展、产业融合发展、绿色发展等新时代重大课题"田东篇章"，推动县域经济高质量发展取得了较好成效，先后获得全国脱贫攻坚先进集体、全区民族团结进步示范县、广西高质量发展先进县、中国西部百强县等一批国家和自治区级荣誉。

一 以建设五大园区为突破，加快推动田东工业转型升级，为县域经济高质量发展提供坚强的支撑

田东县资源丰富，目前已探明可开采的矿产资源有石油、天然气、煤、锰矿、铝矿、金矿、铁矿、钛矿、锑矿、膨润土等30余种，是长江以南陆上唯一开采的油田，水能蕴藏量21.2万千瓦，林木资源丰富，为田东县以资源换产业奠定了基础。经过多年发展，田东县工业已有一定基础。以氯碱为主的化工产业逐步取代煤炭、石油等资源型产业成为支柱产业，其产值占工业产值的一半以上。田东把握时代发展趋势，主动求变，创新谋划建设五个产业园，推动田东工业转型升级和产业链拓展延伸，努力打造新兴产业集群。

一是推动绿色化工循环产业园提质扩容，以氯碱化工为基础，以化工新材料为主攻方向，通过建链、延链、补链和增链，力争将园区打造成广西乃至我国面向东盟国家的化工新材料产品创新发展基地、循环经济产业示范园区。

二是依托本地林业优势，加快建设桂西（田东）绿色现代林木产业园，推动林木加工业发展高端化、精品化、智慧化，努力将园区建设成为广西现代林木加工制造产业集聚发展的重要引领区。

三是加快农产品加工轻工业园二期工程建设，重点布局农产品深加工和高端智能电子产业等轻工产业，形成"1+N"的产业结构，打造具有国际与区域影响力的绿色食品加工基地及智能电子产业集群。

四是加快推进田东县新材料产业园建设，以钙基、硅锰新材料产业为核心，着力打造品种齐全、产品高端、质量精品的百亿元新材料产业集群。

五是加快田东现代物流园建设，统筹物流仓储、电商交易、商业、汽配等功能，形成人才流、信息流、资金流中心，进一步促进县内外要素流动，为田东实现高质量发展打通"任督二脉"。

2021年以来，田东县围绕"五园"产业链，通过招商不断强链延链补链，共签约重大产业项目43个，总投资527.36亿元，已实现开工项目16

个，招商引资工作实现高质量发展，在全区投资促进年中工作会议上作典型发言。

二　以争创国家乡村振兴示范县为目标，加快推动田东城乡融合发展，向着共同富裕目标迈出坚实的步伐

城乡发展不平衡是制约县域经济高质量发展的重要因素。田东县在过去取得一系列成绩的基础上，以争创国家乡村振兴示范县为目标，推动城乡之间、南北部山区与河谷地区之间协调发展，着力补齐农村发展短板，实现县域经济高质量发展。

一是坚持党建引领，创新组织方式促乡村振兴。创新思路，坚持"输血"与"造血"、脱贫与振兴、脱贫与防疫三个"并重"，实现当前工作与长远发展有效结合；创新机制，实行"一票赞成"制、"联建同责"制、重点工作包干责任制等，实现脱贫攻坚和乡村振兴责任到人、任务到人、激励到人；创新方法，实施"党建+""改革+""产业+""企业+""文旅+"等"五个+"脱贫攻坚和乡村振兴模式，通过党建引领、改革推动、产业发展精准破解乡村发展难题，实现乡村可持续发展。

二是做大做强优势农业产业。田东县地处北回归线上，属典型的亚热带季风气候区，因独特的南亚热带季风气候和全年无霜期、无台风的优越条件，成为与海南、西双版纳相媲美的中国气候和光热条件最好的三个地方之一，特别适合种植甘蔗、芒果、香蕉等亚热带农作物。田东县将芒果产业作为田东主导产业，打造成为以种质资源保护为前提、加工物流配送为动力、休闲农业为拓展、品牌与标准推介为带动的全价值链产业集群，为农民增收提供坚实的产业基础。田东县被农业部命名为"中国芒果之乡"和"第二批全国创建无公害农产品（种植业）生产示范基地县"。

三是打造农村发展新引擎，加大多元投入，着力发挥政府资金示范带动效应，吸引社会资本投入农业农村，通过"公司+农户"等多种利益联结方

式发展特色农业，加快建设农业强县。

四是实施农村综合改革、农村产业振兴、乡村建设、基层组织能力提升、固成果促振兴等"五大工程"，推进乡村经济、政治、文化、社会、生态文明以及党的建设全面振兴。

三 以打造城南滨江新区为样板，着力提升田东新型城镇化水平，为县域经济高质量发展再造新引擎

新型城镇化是县域经济发展的重要载体和强大引擎。田东县在统筹小城镇与美丽乡村建设、积极推进易地扶贫搬迁、加快农村人口市民化进程的基础上，科学谋划，重点推进城南滨江新区建设，形成新城区与中心城区、老城街区、产业集聚区相互依托、功能互补的新发展格局。

一是科学规划城区发展，按照"一轴、一带、一环、两廊"的结构进行规划和建设，完善新区"六纵六横"路网。

二是加快新开工和规划项目进度。加快推进大美右江夜景亮化项目规划设计工作。

三是突出多种功能，着重打造以行政、居住、文化旅游功能为主，生态休闲、商业为辅的城市新时代教育文化城，努力将田东县城建设成为功能完备、生态良好、环境优美、宜居宜业的现代化生态之城、魅力之城，让县城成为引领县域经济发展的核心引擎。

四 以建设新能源基地为引领，加快推动田东绿色发展，为县域经济高质量发展注入持久的动力

构建新兴产业集群，推动绿色低碳发展，是实现田东县域经济高质量发展的必由之路。田东立足本地资源丰富的优势，提出打造以风光水储等为主的新能源基地，努力将田东打造成桂西新能源之城。

一是加快风电、光伏项目建设，充分发挥甘莲沟光伏大棚、里拉沟水面光伏等已建项目的示范带动效应，加快在建风电、光伏项目进度，积极申请将符合条件的项目列入自治区规划。

二是加快水能、生物质能开发。加快推进已列入国家能源局抽水蓄能中长期发展规划"十四五"重点实施项目的抽水蓄能电站项目建设；利用生物质能源优势，有序推进装机50兆瓦生物质热电联产项目。

三是争取源网荷储一体化项目建设。大力推动"新能源＋储能"，提升电网系统的调节支撑能力，合理消纳、存储风光水等新能源。同时，积极推动公共领域车辆电动化替代，提高新能源车辆替代率。目前基地签约新能源项目14个，总投资达318亿元，基地建设初具规模。基地建成后，将为田东经济发展注入持久动力，成为新的经济增长"发动机"。

发展永无止境，奋斗谱写华章。田东县将牢牢把握高质量发展这一首要任务，坚持以推动高质量发展为主题，充分依托作为西部陆海新通道关键节点的优势及广西百色重点开发开放试验区平台优势，进一步扩大开放交流，努力与周边省、市、县形成深度融合、互利发展的新格局，以实际行动践行党的二十大精神和习近平总书记对广西提出的"五个更大"重要要求，谱写新时代中国特色社会主义壮美广西的田东篇章。

构建新时代促进县域经济转型发展的新支撑体系*

蒋晓岚　孔令刚**

摘　要：县域经济发展存在产业发展大多依赖资源或者传统产品、同质化和产能过剩问题较为严重、多数产业集聚程度低以及整体市场竞争力不强、创新能力不足等问题，转型发展之路非常艰难。特色化是现代化产业体系的基本特征，针对县域产业发展存在的问题，提出强化"优一、强二、兴三"、做优产业增量与优化提升产业存量并重、培育壮大特色经济、建设跨行政边界的经济走廊、推动本土企业发展。县域经济转型发展要立足于独特的资源优势和产业基础，县域新型城镇化与发展县域经济相结合，乡村振兴战略与县域经济发展有机融合，以民营经济大发展推动县域经济高质量发展，培育新兴产业和优势产业，构建符合县域发展实际的现代产业体系，促进县域主导

* 基金项目：安徽省哲学社会科学规划重大项目"长三角更高质量一体化发展安徽的机遇与优势研究"（AHSKZD2019D01）。

** 蒋晓岚，安徽省社会科学院当代安徽研究所区域研究室主任、副研究员，主要研究方向为农村经济、区域创新；孔令刚，安徽省社会科学院城乡经济研究所所长、研究员，主要研究方向为区域经济、产业经济。

产业和新兴产业规模化高端化、服务业特色化精细化、农业精品化品牌化。

关键词： 县域经济　现代化产业体系　乡村振兴　县域城镇化

县级是经济社会发展最基本的行政区域单位，县域经济是国民经济的基本单元，是保障民生、维护稳定的重要基础。"郡县治则天下安，郡县富则天下足"。2018 年，县域经济规模占全国经济总规模的 49.46%，接近全国经济规模的一半。相对于县域面积占全国面积的 90%、县域人口占全国人口的 70% 等，县域经济规模占比仍相对较低。从近三年发展来看，县域经济占比呈现下降趋势。同时，在经济下行压力下，县域经济受到的影响尤为显著。新时代的县域经济发展形势与全国经济发展大势是一脉相承的，由高速增长向高质量发展转变。振兴县域经济成为全面建设小康社会、满足人民日益增长的美好生活需要的重大战略任务，同时也为县域经济发展提供了新机遇。需要深入研究县域经济发展新特征、存在的问题及其原因，构建促进县域经济发展的新支撑体系，加快县域经济转型升级。

一　县域经济发展面临的新挑战

新时代县域经济发展面临新挑战。县域经济发展大多依赖资源或者传统产品，产业发展同质化和产能过剩问题较为严重，产业集聚程度低；支撑县域经济增长的传统动能减弱，而新动能供给不足，难以弥补由传统动能减弱而产生的缺口，导致县域经济发展乏力。

（一）缺乏特色

从经济结构角度看，县域经济是产业特色明显的区域经济表现形式，应该遵循特色发展路径，在农业经济基础上依托资源禀赋，结合资源状况、自然地理、交通区位、产业结构、科技水平等综合因素，打造特色的经济发展格局，增强自身优势。但从发展模式角度看，县域经济是政府主导与市场化要素配置相结合的不完全市场经济。相当一段时间以来，很多地方发展县域经济更多的是考虑短期经济规模扩张，缺乏中长期发展规划，低水平重复建设，产业结构雷同，不仅没有推动产业可持续发展，还损害了整体经济利益。

（二）更高层面的谋划与协调不足

在目前实行的省、市、县行政层级体系结构中，县级以上一个层级即市级政府，县级社会经济资源被市级"虹吸"成为常态，县级发展机能弱化。并且一些中心城市以"摊大饼"的方式无序扩张。多个地方出现"小马拉大车"现象，一些市本身带动能力弱，也直接影响了所辖县的经济发展。县域经济发展缺乏基于区域和片区产业链式延伸及分工合作的整体谋划和总体规划，缺乏协调。省级层面顶层设计和统筹谋划不足，加上对县域政府的激励和约束机制的有效性不足，短期导致县域经济盲目追求规模扩张，也对县域特色产业发展为优势产业从而升级为主导产业缺乏长期规划和谋划。

（三）低成本优势释放殆尽

县域经济快速增长依赖于低成本优势。随着经济发展和工业化加快，初级产品成本不断上升，土地成本也大幅提高，农民工工资上涨，固有经济增长模式已难以为继。促进县域经济增长的传统要素的潜力已基本释放，倒逼其转型发展。

（四）高端要素不断流出

县域经济发展大多依赖自然资源、土地、劳动力和农业资源等，但在经济新常态下各种初级要素因日益稀缺而价格逐步上升，高端要素不仅没有流入反而不断流出。资本、人才及人力资源、技术和管理、信息等生产要素向城市集中，高端要素不断流出，造成县域经济普遍存在资金不足、人才匮乏等问题，发展受到严重限制。

二　县域经济发展的新机遇

新时代振兴县域经济已经成为全面建设小康社会、满足人民日益增长的美好生活需要的重大战略任务，要在深刻认识县域经济发展的本质特征和基本规律的基础上，提升县域经济发展质量，加快县域经济转型升级。

（一）打破时空局限为县域经济发展提供新空间

一方面，在"互联网+"科技革命与产业革命交汇时代，外加高铁、高速时代的来临，传统的地理条件和区位优势都在发生改变，市场机制配置资源的范围越来越广，为县域充分整合与利用区域内外资源提供了便利；另一方面，随着市场竞争日趋激烈，跳出"县域行政边界"，县域经济和区域经济融合发展，将县域经济置于全市、全省、全国乃至全球发展大局中去衡量和定位，发展跨县域的流域经济、沿河经济、沿路经济等，建设跨行政边界的经济走廊，促进生产要素跨区域流动和整合，基于区域空间谋划发展县域经济也将成为必然趋势。因此，新时代打破时空局限，县域之间通过优势互补、产业生态共建，寻找比较优势和发展机遇，提升县域经济发展质量，为县域经济发展拓展新空间。

（二）产业转移成为推动县域经济发展的重要引擎

我国正处于工业化中后期阶段，大中城市要素功能、生产功能逐渐向县域单元转化。在新一轮产业转移的浪潮中，县域经济可以通过承接产业带动工业实现跨越式发展。经过多年的发展，内陆地区县域经济通过承接东部沿海地区产业和省内中心城市产业转移，已经形成了一定发展规模。当前县域经济已经具备聚集新的发展要素资源和承接国内外产业转移的基础。承接国内外区域产业转移将成为县域经济腾飞的重要推动力。同时，伴随着工业化、城镇化，消费结构不断升级，大量工业产能逐渐向县域集聚。因此，新时代发展县域经济要更加注重推进转移产业与本地经济的融合发展，进一步激发县域经济发展活力。新一轮承接产业转移将成为现阶段县域经济在新的基础上发展再上新台阶的重要引擎。

（三）农民工返乡创业成为带动县域经济发展的重要力量

20 世纪 80 年代，东南沿海地区得改革开放先行一步之利，率先实现经济起飞。随着南方城市用工需求剧增，大量中西部地区农村劳动力流向这些区域。一场从中西部向东南部、从农村到城市转移的"打工潮"迅速兴起。经过多年市场经济的洗礼，很多农民工拥有了熟练的技能和一定的管理经验，是宝贵的人力资源。2012 年以来，中西部地区经济快速发展，对劳动力的吸引力增强，越来越多外出务工人员选择回乡创业。吸引农民工返乡就业创业，有助于使丰富的人力资源优势转化为现实生产力。一些中西部省份的人口大县针对农民工返乡创业迅速制定了一系列支持政策，整合创业创新资源，构筑创业载体平台，开展示范引领和创业主体培育，构建创业创新政策体系，从市场准入、户籍制度、土地供应、税费减免、贷款融资等方面加大扶持力度，为返乡人士搭建创业平台，让返乡人员创业有条件、就业有岗位，实现回得来、留得住、发展得好。2015 年以来，中西部省份如安徽、河南、湖南等省，人口回流态势愈加明显。2017 年安徽省外出人口回流 8.5 万人，连续第 5 年出现人口回流，已步入"外出人口持续回流"的新时期；同时，从"输出劳动力"到"带回生产力"，越来越多的农民工选择在家乡就近就业。2017 年安徽外出农民工中，省内就业 442.9 万人，占 29.9%，较 2016 年提高 1.3 个百分点。农民工返乡就业创业成为带动县域经济发展的重要力量，从"东南飞"到"凤还巢"，"返乡经济"不仅让更多农民实现了家门口就业创业，成为推动家乡发展的重要力量，为县域经济发展注入强劲的动力，也将从根本上增强县域内生发展动力。

（四）实施乡村振兴战略将为县域经济发展提供新动能

县域经济是推进城乡一体化和解决"三农"问题的主战场。实施乡村振兴战略，推进公共资源在城乡之间的合理分配，成为缩小城乡差距的重要抓手。同时，农村土地制度和农村集体产权制度改革的不断深化，现代农业产业体系、生产体系、经营体系的不断完善，农村一二三产业融合发展等，都为现代农业发展提供了新的途径。城乡一体化政策和乡村振兴战略的实施将为县域经济发展提供新的机遇和潜能。

三　构建促进县域经济转型发展的新支撑体系

进入新发展时期，过去促进县域经济发展的要素活力已经释放殆尽，进一步挖掘其潜力的难度越来越大，发展进入瓶颈期。同时，由于资源等限制，单靠县域经济改革很难获得理想效果。新时代发展县域经济要跳出行政区划边界，从顶层设计的高度，构建县域经济协同推进、有机互动的改革框架和支撑体系。

（一）建立省级政府统筹的新机制支撑体系

基于顶层设计视角，在省级政府层面构建县域经济协同推进、有机互动的改革框架，制定全省县域经济发展总体方案与行动计划（如三年行动计划），在整体推进基础上对县域经济发展进行整体谋划和总体规划。健全省、市、县政府等多元主体联动机制，强化县域政府与中央、省、市政府在区域发展规划、产业发展导向、基础设施布局等方面的对接。

以基础设施互联互通、共建共享和协调发展为重点，打破行政区划壁垒，进一步统筹区域的基础设施功能布局，基于片区及区域发展空间统筹谋划县域经济发展，基于资源禀赋和产业布局现状，加大资源整合力度，以经济区域范畴对县域经济进行布局，促进县域间产业合理分工与协作，形成县域产业优势互补的发展格局以及跨县域的区域协调和互融互通，推动县域经济在更广阔空间增强竞争优势。

从省级层面系统制定在总部经济、飞地经济等领域跨县域经济合作与利益分享机制，推动形成县域经济中企业跨县域发展以及跨区域经济产业园区合作新机制。进一步明确县域经济成本分担和利益分享范围，细化合作领域或项目的成本分担和利益分享比例，构建县域经济合作与利益分享协调和保障机制，推动欠发达合作方通过引进知识、资本、技术、人才等，提升内生发展动力，实现产业结构的高度化。改变各县产业发展"大而全""小而全""单打独斗"的传统模式，突出比较优势，推进地理区位相连、资源基础相似、发展路径相近的县区打造板块经济，做大做强特色主导产业，推动产业集群化发展，促进优势互补、实现互联互通、缩小发展差距。

（二）建立释放改革红利、增强县域经济发展活力的制度支撑体系

优化县级政府职能。县域经济是基于县级行政区划的特定地理空间内的区域经济，县级政府在招商引资、城市建设、县域发展方向等方面起着主导作用，县域经济发展的关键在县政府，因此县域经济发展具有明显的政府主导特征。新时代，县级政府要转变职能，重点关注和解决"市场失灵"的问题，优化市场环境，培育市场主体，提高市场主体的积极性和创造性，激发民营经济和非公有制经济等市场主体的活力和创造力，发挥市场监管、公共服务、社会管理和保护环境等职能。

进一步放宽县级经济管理权限。由于资源等限制，单靠县域经济改革很难获得理想效果，需要基于顶层设计，构建县域经济协同推进、有机互动的改革框架。在制度层面，省以下行政和财政管理体制改革要因地制宜，加强县域经济发展的顶层设计，在尊重市场机制的基础上推动县域体制机制创新，推动省以下管理体制改革。继续深化"强县扩权"改革。把地级市的一些经济管理权限直接赋予一些重点县，促进公共资源优化配置，提高行政效率。加大

放权力度，赋予更多县更大的经济发展自主权。选择经济实力较强的县，特别是远离中心城市的极化效应大于涓滴效应的县，进一步推动扩权强县改革，给予设区市的经济管理权、事务统筹权、社会管理权等，探索推进市县分治改革。

（三）构建差异化和特色化的县域产业发展支撑体系

自然、地理、文化等方面的不同，使得各地区发展差异显著，这就决定了县域经济发展的多样性。县域经济发展不需要"面面俱到"，应更加注重做大做强特色产业，形成特色经济产业集群。县域经济发展要立足于当地资源禀赋，发挥比较优势，实施差异化和特色化发展战略。一方面针对全国县域经济发展不平衡等问题，对县域资源禀赋进行重新认定，分类施策。梳理不同类型县域内的文化、工业、农业、矿产、生态以及旅游等资源，基于各县域资源禀赋，围绕高效益综合开发利用，以市场需求和资源禀赋优势为依托，突出各县域经济发展特点和特色主导产业，加速产业集聚，拉长产业链条，形成从资源利用到产业发展、从县域主导产业培育到县域知名品牌培育的有效连接，推进特色产业集群建设，发展县域特色经济和优势经济。另一方面，要基于经济区域范畴对县域产业进行布局，通过积极参与区域内产业分工，形成产业配套和关联集成效应，推动高端生产要素流向县域，从而带动县域特色产业集群的发展壮大，以差异化和特色化提升县域经济竞争力。

（四）构建促进县域经济转型发展的地方财政转移支付支撑体系

进一步梳理省级一般性专款，将分散在省级政府各部门的专项资金逐步纳入转移支付制度调整范围，提高专项拨款的科学性、公正性和效益性，完善转移支付制度。实事求是地确定并切实降低欠发达县区专项工程的配套资金比例。建立健全省、市、县转移支付体制，加大对县转移支付力度，保证县级财政收入增长的可持续性。建立转移支付激励机制，拿出部分转移支付资金，将其分配与经济增长质量、收入结构、保工资程度、重点支出增长比例等挂钩，变"输血"为"造血"，调动各级培植财源、增收节支的积极性。

参考文献

姚毓春、夏宇：《县域城镇化推动中国式现代化建设的内在机理与实现路径》，《农业经济问题》（网络首发）2023 年 6 月 15 日。

苏运勋：《县域城镇化与城乡关系再造：类型与比较——兼论乡村振兴战略的实施重点》，《河南社会科学》2023 年第 4 期。

魏后凯：《推进县域城乡融合发展的战略路径》，《农村工作通讯》2023 年第 5 期。

魏后凯、李玏、年猛：《"十四五"时期中国城镇化战略与政策》，《中共中央党校（国家行政学院）学报》2020 年第 4 期。

王玉虎、张娟：《乡村振兴战略下的县域城镇化发展再认识》，《城市发展研究》2018 年第 5 期。

刘彦随：《中国新时代城乡融合与乡村振兴》，《地理学报》2018 年第 4 期。

新时期边疆民族地区县域经济高质量发展的生成逻辑、现实表征与推进策略

摘　要：由于区位环境的特殊性，边疆民族地区的县域经济高质量发展事关国家国防安全、粮食安全、生态安全、能源安全、产业安全，肩负着维护民族团结、社会稳定、边疆安宁等重任。当前，边疆民族地区县域综合实力整体偏低且差异较大，县域传统产业亟待转型升级，产业平台发展滞后，承接产业转移面临国际国内双重挤压，县域治理能力有待提升。应加快县域优势产业特色化差异化发展，推动县域产业平台提档升级，做大做强县域优势特色产业；统筹发展和安全，从国家层面和省区层面精准制定支持政策举措，提升基层干部治理能力；推进以县城为重要载体的城镇化建设，着力增强县城的综合承载能力，提高县乡村融合发展能力。

关键词：边疆民族地区　县域经济　高质量发展

---

* 覃海珊，广西社会科学院农业农村研究所副所长、副研究员，主要研究方向为县域经济、农业经济。

一 研究缘起

党的二十大擘画了以中国式现代化全面推进中华民族伟大复兴的宏伟蓝图,把高质量发展作为全面建设社会主义现代化国家的首要任务,对推进城乡区域协调发展作出战略部署,要求支持革命老区、民族地区加快发展,加强边疆地区建设,推进兴边富民、稳边固边。在2021年中央民族工作会议上,习近平总书记强调,"要推动各民族共同走向社会主义现代化。要完善差别化区域支持政策,支持民族地区全面深化改革开放,提升自我发展能力。民族地区要立足资源禀赋、发展条件、比较优势等实际,找准把握新发展阶段、贯彻新发展理念、融入新发展格局、实现高质量发展、促进共同富裕的切入点和发力点"。习近平总书记关于加强和改进民族工作的系列重要论述,为新时期边疆民族地区高质量发展的相关理论研究和实践推进提供了根本遵循。然而,不容忽视的是,边疆民族地区经济社会发展在取得历史性成就、发生历史性变革的同时,发展不平衡不充分问题依然突出,维护民族团结、社会稳定、国家安全任务依然艰巨,是建设社会主义现代化强国的短板和薄弱环节。

县域经济是国民经济中最基本的区域经济单元,既涵盖城镇经济与农村经济又衔接工业经济与农业经济,是开展经济活动的重要空间载体。[1]新时期,县域被赋予新的历史使命,是推进城乡融合的重要切入点,是贯彻落实区域协调发展、乡村振兴、新型城镇化等战略的重要载体,也是边疆民族地区创新实施差别化支持政策的重要场域。面对新时代新征程的使命任务,如何以县域这一基本行政单位为切入口,推动边疆民族地区立足资源禀赋发挥比较优势,在服务和融入新发展格局中增强内生发展动力,以特色化、差异化开辟新领域新赛道,塑造新动能新优势,通过县域经济的高质量发展加快兴边富民,进而

---

[1] 孙久文、唐泽地、孙铮、李恒森编著《新发展格局与中国县域经济》,中国人民大学出版社,2021。

促进区域协调发展，实现全体人民共同富裕，是一个迫切需要关注和研究的问题。

二 边疆民族地区县域经济高质量发展的生成逻辑

（一）理论逻辑

1. 凸显了整体和局部的系统协调性

一方面，边疆民族地区是我国960万平方公里领土面积的重要组成部分，边疆民族地区的政治、经济、社会、生态、文化等领域的健康持续发展与中华民族伟大复兴的历史伟业息息相关，边疆民族地区的发展要服务于我国新发展格局的构建。县域作为我国基本行政单元，在行政区划、地理空间和政治空间上都是边疆民族地区乃至全国的局部范畴，县域经济发展水平会影响到边疆民族地区整体发展水平和质量。另一方面，县域经济作为区域经济范畴，既包括城镇经济也包括乡村经济，既包括农业经济又包括工业和服务业经济，既有公有制经济也有非公有制经济，既有政府的经济（财税收入）又有老百姓的经济（就业和收入），① 因此，县域经济高质量发展本质上属于国家经济高质量发展的范畴，其发展的原则、路径和目标必须服务于我国经济高质量发展的战略需求和最终目标。此外，国家层面关于经济高质量发展的理论逻辑和现实逻辑，也为边疆民族地区县域经济高质量发展提供了历史方位和指导原则，县域只有认清自身在区域乃至国家发展大局中的功能定位，在服务和融入地区乃至国家发展大局的同时谋划自身发展，才能确保自身的高质量发展。

2. 体现了特殊性与普遍性的关系

一方面，县域是国民经济的基本行政单元，边疆民族地区的县域与国内其他地区的县域一样，在新的历史起点上都被赋予了推动以县城为重要载体

---

① 孙久文、唐泽地、孙铮、李恒森编著《新发展格局与中国县域经济》，中国人民大学出版社，2021。

的城镇化建设、引领乡村全面振兴、优化国内消费需求等使命任务，同时，边疆民族地区县域经济高质量发展与我国其他区域经济高质量发展一样，也面临着节能降耗、产业升级、科技创新等问题。另一方面，由于特殊的区域位置，边疆民族地区的县域还肩负着维护国家国防安全、粮食安全、生态安全、能源安全、产业安全，以及保障民族团结、社会稳定、边疆安宁等重任，这意味着边疆民族地区县域经济的高质量发展仅仅依靠一般性的举措难以应对发展环境的复杂性和特殊性，需要在充分研判边疆民族地区县域所处的独特的自然环境、社会环境、政治环境及经济环境的基础上，探讨与边疆民族地区县域经济发展环境相适应而又能满足边疆地区老百姓对美好生活需要的发展举措。

3. 丰富了马克思主义政治经济学关于对外开放的理论

开放合作已经成为新时代中国特色外交的鲜明标识。面对世界之变、时代之变、历史之变，习近平总书记创造性地提出了构建新型国际关系，着力构建人类命运共同体。对于周边国家，我国坚持亲诚惠容和与邻为善、以邻为伴的周边外交方针，深化同周边国家的友好互信和利益融合。如对于东南亚地区，习近平总书记于 2013 年就提出与东盟国家共建 21 世纪海上丝绸之路，携手共建更为紧密的中国—东盟命运共同体。对于毗邻东南亚地区的广西和云南省如何推动开放合作，习近平总书记作出了具体的部署，如对于广西，习近平总书记指出，"要大力发展向海经济，促进中国—东盟开放合作，办好自由贸易试验区，把独特区位优势更好地转化为开放发展优势"；对于云南，作出"努力在建设我国民族团结进步示范区、生态文明建设排头兵、面向南亚东南亚辐射中心上不断取得新进展"等重要指示。在新发展格局的指引下，地处边疆民族地区的各县域，一方面通过积极融入国内大循环补齐自身发展短板，另一方面还要发挥区位优势，实施更大范围、更宽领域、更深层次的对外开放，充分利用国内国际两个市场两种资源促进县域产业升级，在服务国家周边外交战略中实现县域经济的高质量发展。

（二）现实逻辑

1. 新时代我国推动区域协调发展的现实需求

当前，我国社会矛盾已转变为着力解决人民日益增长的美好生活需要和不平衡不充分发展之间的矛盾。受历史文化、资源禀赋、地理环境等因素的影响，边疆民族地区发展不平衡不充分问题依然突出，在经济规模、发展水平、创新活力、对外开放等关键领域与东部沿海地区、中部地区相比仍存在一定差距。党的二十大报告提出，推动西部大开发形成新格局，推动东北全面振兴取得新突破，为新征程上边疆民族地区发展指明了前进方向，赋予了全新的历史使命。同时，习近平总书记指出，"高质量发展，就是能够很好满足人民日益增长的美好生活需要的发展，是体现新发展理念的发展，是创新成为第一动力、协调成为内生特点、绿色成为普遍心态、开放成为必由之路、共享成为根本目的的发展"。由此可知，高质量发展的目的是要满足人民日益增长的美好生活需要，推动边疆民族地区县域经济高质量发展，则是从县域这一微观层面不断满足边疆民族地区人民对美好生活的需要，逐步缩小城乡差距、区域差距，推动区域协调发展。

2. 铸牢中华民族共同体意识的现实需求

边疆民族地区是维护我国国家安全的第一道屏障，当地各民族同胞与境外民族有着频繁的接触与交往，与境外相同民族有同宗同源的民族文化身份认同。可以说，边疆民族地区集合了地理位置敏感而重要、边境情况复杂、价值观念及宗教信仰多元化、意识形态涉外化等问题，[①] 这些客观存在的问题为边疆民族地区稳定健康发展带来了巨大挑战。推动边疆地区县域经济高质量发展，有利于激发边疆民族地区和人民内生动力，通过团结奋斗，夯实共同物质基础，凝聚共同价值追求，深化共同身份认同，促进各民族"共同团结奋斗、共同繁荣发展"。

---

① 邹丽娟、赵玲:《边疆民族地区实现高质量发展与铸牢中华民族共同体意识的辩证逻辑》,《云南民族大学学报》(哲学社会科学版) 2020 年第 6 期。

3. 实现人与自然和谐共生的现实需要

边疆民族地区大多处于大江大河的源头，拥有广阔的森林、草原和湿地等生态资源，是我国"两屏三带"（青藏高原生态屏障、黄土高原—川滇生态屏障和东北森林带、北方防沙带、南方丘陵山地带）生态安全格局的重要组成部分。党的十八大以来，习近平总书记在边疆民族地区考察调研和工作座谈会上多次强调保护生态环境的重要性，并作出一系列重要指示批示。如寄予青海省"在推动青藏高原生态保护和可持续发展上不断取得新成就""在建立以国家公园为主体的自然保护地体系上走在前头，让绿水青山永远成为青海的优势和骄傲"等殷切期望，希望云南省"努力成为我国生态文明建设排头兵"，指出"广西生态优势金不换，保护好广西的山山水水，是我们应该承担的历史责任。"边疆民族地区县域大多地处生态功能区，在推动县域发展的过程中，需要处理好生态保护与开发建设的关系，一方面，要切实扛起保护生态环境、筑牢生态屏障的大旗，另一方面，要加快县域传统产业的转型升级，发展绿色经济、循环经济、低碳经济。

三 边疆民族地区县域经济高质量发展的现实表征

（一）边疆民族地区县域基本情况概述

1. 县级行政区划数量众多

统计数据显示，截至 2021 年底，我国 9 个边疆省区[①] 共有 638 个县级区划数（县级市、旗，不含市辖区，下同），占全国县级区划总数（1866 个）的 34.19%，其中，陆地边境县（县级市、旗，不含市辖区）131 个，占边疆 9 省区的县级区划数的 20.53%；自治县 66 个，占全国自治县总数（117 个）的 56.41%。[②]

2. 县域幅员辽阔

2021 年，边疆 9 省区县域面积达 487.18 万平方公里，占全国县域总面积

---

① 边疆 9 省区是指内蒙古、辽宁、吉林、黑龙江、广西、云南、西藏、甘肃、新疆。
② 根据《中国统计年鉴 2022》中相关数据整理得出。

的 66.97%；其中，新疆、西藏、内蒙古三个自治区的县域面积都达到 100 万平方公里以上，占全国县域总面积的比重都超过 10%。边疆 9 省区县域平均面积为 7635.99 平方公里，是全国县域平均水平的近 2 倍；而黑龙江、云南、广西、辽宁、吉林等 5 个省区的县域平均面积则低于全国县域平均水平。

表1　2021年边疆9省区县域基本情况

区域	县域总面积（平方公里）	县域平均面积（平方公里）	占全国县域总面积比重（%）	县级区划数（个）				
				总数	县级市	县	自治县	旗
全国	7274986	3902.89	—	1864	394	1301	117	52
新疆	1425212	15161.83	19.59	94	28	60	6	0
西藏	1195536	18114.18	16.43	66	0	66	0	0
内蒙古	1049160	13114.50	14.42	80	11	17	0	52
甘肃	368959	5347.24	5.07	69	5	57	7	0
云南	296390	2646.34	4.07	112	18	65	29	0
黑龙江	217768	3250.27	2.99	67	21	45	1	0
广西	158193	2259.90	2.17	70	10	48	12	0
吉林	85748	2198.67	1.18	39	20	16	3	0
辽宁	74797	1824.32	1.03	41	16	17	8	0
合计	4871763	7635.99	66.97	638	129	391	66	52

数据来源：根据《中国城乡建设统计年鉴2021》中相关数据整理得出。

（二）县域人口变动幅度差异较大

从县域人口变迁看，2012~2021 年全国县域人口呈下降趋势，边疆民族地区县域人口整体呈下降态势，县（市、旗）人口由 2012 年的 15369.27 万人下降至 2021 年的 14027.17 万人，但下降速度与全国平均水平相比较平缓，边疆 9 省区县（市、旗）人口占全国县（市、旗）人口的比重由 2012 年的 21.85% 提升至 2021 年的 22.51%。从人口密度看，全国县（市、旗）人口由 2012 年的 92.5 人 / 公里^2 下降至 85.7 人 / 公里^2，十年减少了 6.8 人 / 公里^2，而边疆 9 省区县（市、旗）人口密度则由 2012 年的 30.5 人 / 公里^2 下降至 28.8 人 / 公里^2，十年减少了 1.7 人 / 公里^2。从各省区县域人口变迁看，除西藏、新疆两个自治区外，其余边疆 7 省区县人口数量都有所下降；除东北三省外，其余 6 个边疆省区县人口占全国县人口的比重都略有提升。黑龙江、广西、云南、西藏、新疆的人口密度有所提升，其余 4 省区人口密度均有所下降。

从边疆各省县域人口看，广西、云南两省区县域人口合计占全国县域总人口的比重接近 10%，其余 7 省区占全国县域人口的比重不到 3%。县域人口密度差异也较大，广西县域人口密度是全国县域平均水平的 2 倍多，辽宁、云南县域人口密度也超过 100 人 / 公里 ^{2}，吉林县域人口密度与全国县域评价水平接近，其余 5 县人口密度较低。

表2　2012~2021年边疆9省区县域人口变迁基本情况

区域	县域人口数量（万人）		占全国县人口数量比重（%）		人口密度（人/公里²）	
	2012年	2021年	2012年	2021年	2012年	2021年
全国	70328.17	62324	—	—	92.5	85.7
内蒙古	1528.82	1423	2.17	2.28	14.6	13.6
辽宁	1231.06	1009	1.75	1.62	149.9	134.9
吉林	855.68	719	1.22	1.15	94.7	83.9
黑龙江	1491.62	1313	2.12	2.11	59.4	60.3
广西	3441.64	3073	4.89	4.93	190.7	194.3
云南	3418.45	3096	4.86	4.97	102.4	104.5
西藏	266.72	275	0.38	0.44	2.2	2.3
甘肃	1838.31	1808	2.61	2.90	49.9	49.0
新疆	1296.97	1311	1.84	2.10	8.9	9.2
合计	15369.27	14027	21.85	22.51	30.5	28.8

数据来源：根据《中国城乡建设统计年鉴2021》中相关数据整理得出。

（三）县域综合实力整体偏弱且差异较大

1.县域综合实力偏弱

2021 年，边疆 9 省县（市、旗）地区生产总值累计达到 74353.87 亿元，占全国地区生产总值的 6.50%，占全国县域地区生产总值的 18.93%。地区生产总值超过 200 亿元的仅为 82 个，其中，超过 500 亿元的县（市、旗）仅有 10 个，占比不到 2%；超千亿元县仅有 1 个，为内蒙古的鄂尔多斯市准格尔旗，达到 1070.90 亿元。低于 200 亿元的县（市、旗）为 555 个，占 87.13%，其中 100 亿元以下的县（市、旗）占 56.36%。

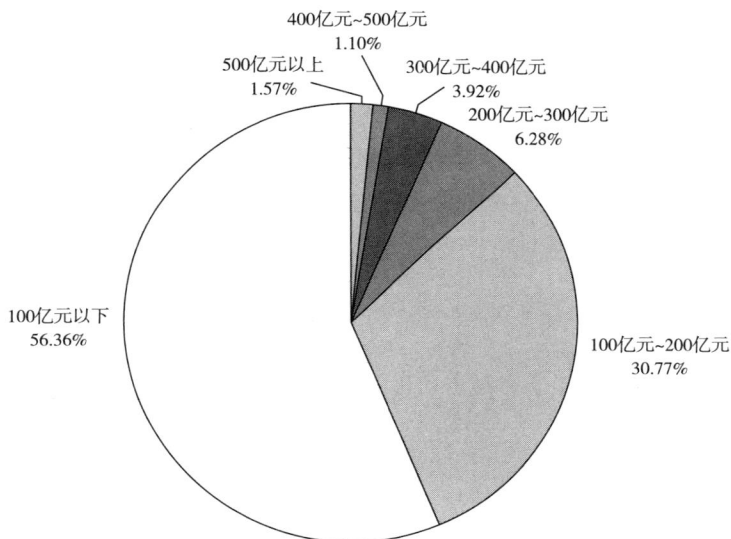

图1　2021年边疆9省区中不同GDP体量县域分布情况

数据来源：根据《中国县域统计年鉴2022》中相关数据整理得出。

2. 边疆各省县域平均 GDP 差异较大

边疆 9 省县（市、旗）平均地区生产总值为 116.54 亿元，辽宁、云南、广西、内蒙古、吉林、新疆等 6 省区县均地区生产总值高于平均水平，其中，辽宁县均地区生产总值最高，接近 180 亿元，是同处于东北地区的黑龙江的近 2 倍；黑龙江、甘肃、西藏县均地区生产总值均不足 100 亿元，其中西藏不足 20 亿元，如图 2 所示。

3. 边疆民族地区县域经济规模与其他区域相比差距较大

以百强县为例，据工信部赛迪顾问县域经济研究中心发布的《2022 中国

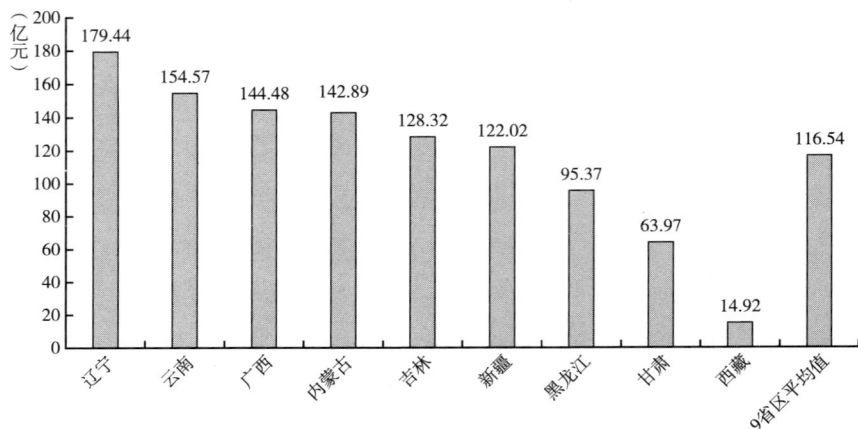

图2　2021年边疆9省区县均地区生产总值

数据来源：根据《中国县域统计年鉴2022》中相关数据整理得出。

县域经济百强研究》，边疆9省区中仅有内蒙古准格尔旗（第42位）、伊金霍洛旗（第51位），辽宁省瓦房店市（第61位）、海城市（第90位）、庄河市（第99位）以及云南省安宁市（第88位）等6个县（市、旗）入围，入围数量不足江苏的1/4，仅为浙江省的1/3。在赛迪顾问县域经济研究中心发布的《2022西部县域经济百强研究》中，云南、广西、新疆、内蒙古4省区分别有14个、9个、8个、6个县（市、旗）上榜，甘肃、西藏的县（市）均无缘进入西部县域百强榜，与同为西部地区的四川省（36个）相比，差距较大。

（四）县域产业转型升级难度大

1.县域传统产业亟待转型升级

边疆民族地区县域以资源型产业为主，总体上可以分为矿产资源型、农业资源型、生态资源型、文旅资源型。矿产资源丰富的县域或以矿产加工为主导产业的县域发展基础较好、综合实力较强，如原煤资源丰富的内蒙古准格尔旗、伊金霍洛旗，以及以石化、冶金、新能源材料为主导产业的云南省安宁市，都上榜全国百强县，但煤炭、冶金、石化、建材等产业多为高耗能、高排放产业，在"双碳"目标导向下，"双高"产业低碳化转型发展亟待提上日程。农业资源型县域特色农副产品资源丰富，肩负着保障国家粮食和重要农产品有效供给等重任，如黑龙江省为"中华大粮仓"，广西、云南边境县（市）为我国重要的"糖罐子"等，但各县（市、旗）生产出来的农产品大多以初级产品的形式运往全国各地尤其是消费需求量巨大的东部地区，产品附加值不高甚至是没有税收，如何延伸产业链将更多产品附加值留在县域是当地政府亟待解决的难题。生态资源型县域多为生态功能县，生态资源、旅游资源、康养资源丰富，但大多地处偏远地区，交通不便，公共配套设施建设滞后，县域财政困难，如何依托生态优势发展绿色经济亟待破题。文旅资源型县域自然风光、民族民俗、乡土风俗、红色文化、边关文化等资源丰富，但文旅资源挖掘、弘扬及开发均不足，亟须做好以旅彰文、以文塑旅文章。

2. 县域产业平台发展滞后

边疆民族地区县域产业平台建设普遍存在数量少、层次低等问题，不仅自身培育发展产业的能力有限，而且在承接产业转移时也存在吸引力、竞争力不足等难题。以广西为例，在全区 111 个县（市、区）中，仅有 84 个县域产业园区，且没有千亿元产业园，500 亿元产业园仅有 1 个。县域工业用地集聚度偏低，在广西 63 个自治区级以上县域工业园区中，开发建设规模大于 9 平方公里的园区仅有 4 个（占 6.35%），介于 4~9 平方公里的园区有 19 个（占 29.65%），小于 4 平方公里的园区达 40 个（占 64%）。

3. 承接产业转移面临国际国内双重挤压

边疆民族地区县域受生产要素不足、创新能力不强、产业基础薄弱、消费需求不旺等因素制约，难以引进资本、技术、人才、数据密集型产业，因此地方政府常将劳动密集型的一般制造业企业作为招商引资的重点。近年来，受全球经济下行、中美贸易摩擦加剧以及新冠疫情冲击等影响，一般制造业企业投资和迁移行为日趋谨慎，往边疆民族地区县域迁移往往面临着产业工人不足、物流成本上升、产业配套不全等难题，导致企业投资或迁移意愿下降；而鞋帽、服务、纺织、电子等非资源型、劳动密集型、外向型产业则逐步往越南、印度尼西亚、柬埔寨等南亚、东南亚地区迁移，边疆民族地区县域招商引资难度增大。

（五）县域治理现代化能力有待提升

1. 县域经济支持政策有待优化

县域被赋予的功能和使命日益增多，但从国家层面来看尚未出台专项支持县域经济发展的文件。2020年出台的《关于加快开展县城城镇化补短板强弱项工作的通知》、2022年出台的《关于推进以县城为重要载体的城镇化建设的意见》，更多的是从提高县城综合承载能力的角度推进基础设施建设、公共服务和城乡融合发展；2021年出台的《关于加强县域商业体系建设 促进农村消费的意见》、2022年出台的《关于支持实施县域商业建设行动的通知》等文件，则聚焦县域商业体系建设。"十四五"时期，广西、辽宁、黑龙江、甘肃等边疆省区相继出台了支持县域经济高质量发展的专项文件，广西、云南、吉林等每年对县域经济发展水平进行考核，对加快县域经济高质量发展起到了较好的引导和促进作用。但边疆民族地区县域差异较大、发展基础薄弱，当前仍缺乏立足县域特点和功能定位更精准有效地指导县域发展的政策举措，导致各项政策难以落地见效。

表3 "十四五"以来部分边疆省区支持县域经济发展的文件

省区	文件
广西	《广西县域经济高质量发展"十四五"规划》
	《广西加快县域经济高质量发展三年攻坚行动方案（2021—2023年）》
	《广西支持县域经济高质量发展的若干政策》
辽宁	《关于加快县域经济高质量发展的意见》
黑龙江	《黑龙江省县域经济高质量发展"十四五"规划》
甘肃	《甘肃省强县域行动实施方案（2022—2025年）》

2. 治理能力有待提升

边疆民族地区县域领导干部普遍存在发展意愿强烈但创新能力不足、开放意识不强、片面追求规模等问题。不少基层干部，尤其是从脱贫攻坚战"转场"的脱贫地区干部，工作思维仍停留在盯人盯户盯报表层面，对于为什么要推动高质量发展、如何推动高质量发展等的认识和理解不深。同时，部分基层干部推动经济发展的素质能力有待提升，对新生事物的接受能力、理解能力、执行能力还跟不上要求，对推动高质量发展带来的新机遇缺乏敏锐性，对高能级、前沿性产业项目识别能力不足，缺乏有效的落地实施模式及实际举措。[1] 如在绿色化数字化转型上，多数县市仍囿于拼要素、拼成本、拼政策的粗放发展方式，未能正确处理"发展"和"减排"、"转型升级"和"数智赋能"的关系，缺乏在新的"双碳"目标下谋划重大政策、重大工程和重大产业的能力。

四 边疆民族地区县域经济高质量发展的实践路径

（一）推动县域优势特色产业做大做强

1. 推动县域优势产业特色化差异化发展

对于农业资源型县域，在保障粮食安全和重要农产品有效供给的基础上，依托农业农村特色资源，优化县乡村产业空间布局，做好"土特产"文章，因地制宜培育优势特色主导产业，引导农产品加工企业向县域集中。对于工业基础较好的县域，引导县域集中资源做大做强 1~2 个主导产业，围绕特色主导产业编制产业链图谱，找准产业链缺失环节，开展产业链精准招商，重点推动补链、强链、延链，着力提升主导产业的集聚度和竞争力。对于生态资源型县域，聚焦产业生态化、生态产业化，着力把生态优势转化为产业优势、经济优势、发展优势。对于文旅资源县，应做足"文旅+"文章，将县域文化理念、

---

① 陆鹏、吕勇:《边疆民族地区高质量发展新路径探讨——以广西壮族自治区为例》,《经济与社会发展》2022 年第 3 期。

文化元素、文化符号注入景区景点，完善旅游设施、培育旅游产品、创新旅游业态、设计旅游路线、提升旅游品位，推动文旅产业发展高端化、精品化。对于边境县（市、旗），强化重点开发开放试验区、边（跨）境经济合作区、综合保税区等开发开放平台建设，推动加工贸易、仓储物流、跨境旅游、跨境电商等特色产业发展，高质量实现固边兴边富民。

2. 推动县域产业平台提档升级

推动县域园区立足本地优势资源加快产业集聚发展，突出招大引强、招优引新，着力引进关联度大、带动力强的龙头企业与链主企业，吸引上下游配套企业集聚。引导县际园区同一产业差异化分工、相互配套，变同质化竞争为链式协作，延伸产业链、提升价值链。重点支持县域园区基础设施和公共服务配套设施建设，推动产城融合。

（二）提升县域经济高质量发展治理效能

1. 强化县域经济高质量发展顶层设计

正确认识边疆民族地区县域在维护国家国防安全、粮食安全、生态安全、能源安全、产业安全，以及保障民族团结、社会稳定、边疆安宁等领域的重要性和特殊性，从发展和安全的角度制定支持边疆民族地区县域经济高质量发展的政策举措、重大项目、事项清单。从国家层面，加大跨境、跨区域基础设施建设覆盖、辐射边疆民族地区县域力度，加强事关国家能源安全、产业链供应链安全的重要产业在边疆民族地区县域的布局和发展，加大对生态功能县在产业生态化、生态产业化方面的支持力度。从省区层面，立足县域资源环境承载能力、功能定位、区域特点、产业基础、发展潜力，分类出台相应的政策，明确发展定位、目标任务和实施路径，引导县域通过改革创新突破重点领域和关键环节的瓶颈，促进县域经济高质量发展。

2. 提升县域治理能力

建立健全边疆民族地区领导干部高质量发展长效学习机制，围绕县域经济高质量发展要求，就相关业务理论原理、知识体系、发展趋势等内容对干部进行培训，及时补充新知识、培养新技能，提升干事创业的能力和本领。建立县域经济高质量发展清单管理制度，梳理影响边疆民族地区县域经济高质量发展效能、效率、效益、效应的痛点和堵点，并转化成县域经济高质量发展的问题清单，结合不同类型县域的资源环境承载能力、功能定位、区域特点、产业基础、发展潜力，分类编制县域经济高质量发展指南，促进基层干部精准落实县域经济发展的各项工作。

（三）加快推进以县城为重要载体的新型城镇化

1. 着力增强县城的综合承载能力

以人的发展为重要关切点，统筹县城生产、生活、生态、安全需要，注重实现公共资源均等化和城乡融合发展，因地制宜加快产业园区及仓储物流、集散分拨等产业配套设施建设，提升改造道路交通、通信网络、供水排污、能源电力等市政设施，优化医疗、教育、就业、住房、文化等公共服务，积极引导农村转移人口到县城就业、居住，扩大县城常住人口规模，将县城打造为人口和服务的集聚地，增强农业转移人口的获得感和幸福感。

2. 提高县乡村融合发展能力

推进县城基础设施向乡村延伸，推进乡基础设施共建共享、互联互通。加快县域教育、医疗、养老、文化等公共服务向乡村覆盖，着力建立普惠共享、城乡一体的基本公共服务体系。建立以县城为中心、乡镇为重点、村为基础的农村商业体系，建立一批具有跨区域性和农业产业特色的大型农产品物流配送中心，实现城镇与乡村、生产和消费的有效对接。推动数字乡村建设，优化电子商务进农村路径，发展乡村社交电商、视频电商和县域工业电商，推动建设一批县域跨境电商产业带，畅通农产品"进城出海"和工业品"下乡入市"的"最后一公里"，形成线上线下融合的农产品流通体系和现代乡村市场体系。

参考文献

习近平:《高举中国特色社会主义伟大旗帜 为全面建设社会主义现代化国家而团结奋斗——在中国共产党第二十次全国代表大会上的报告》,人民出版社,2022。

孙久文、唐泽地、孙铮、李恒森编著《新发展格局与中国县域经济》,中国人民大学出版社,2021。

青觉、王敏:《边疆民族地区融入国家新发展格局的生成逻辑、面临调整与路径取向》,《西北民族研究》2022年第5期。

贺雪峰:《大城市的"脚"还是乡村的"脑"?——中西部县域经济与县域城镇化的逻辑》,《社会科学辑刊》2022年第5期。

陈建生、任蕾:《从县域竞争走向县域竞合:县域经济高质量发展的战略选择》,《改革》2022年第4期。

杨枝煌、陈尧:《中国产业对外转移的基本特征、主要问题及提升策略》,《国际贸易》2022年第11期。

共同富裕

当前农村走向共同富裕的六大困境及对策

汤建军 *

摘　要： 当前，农村走向共同富裕面临着巩固拓展脱贫攻坚成果难、农民增收确实难、乡村文化振兴难、农村生态环境治理难、基层治理提质增效难、农业农村优先发展难"六大难"。目前，要完成巩固拓展脱贫攻坚成果、加强农业基础设施建设、推动农村产业高质量发展、健全乡村治理体系等重点任务，就应该采取管用措施，着力扎实做好率先做强乡村产业、加强农民工群体就业保障、推进以县城为中心的城镇化、着重改善农村人居环境、提升基层政府公共服务能力、推进乡村治理现代化、持续深化农业农村改革、强化共同富裕要素保障等八个方面的基础性工作。

关键词： 农村　共同富裕　乡村振兴

习近平总书记在党的二十大报告中指出，"中国式现代化是全体人民共同富裕的现代化"，强调"共同富裕是中国特色社会主义的本质要求，也是一个

---

* 汤建军，湖南省社会科学院（湖南省人民政府发展研究中心）副院长、副主任、研究员，主要研究方向为党史党建。

长期的历史过程。我们坚持把实现人民对美好生活的向往作为现代化建设的出发点和落脚点，着力维护和促进社会公平正义，着力促进全体人民共同富裕，坚决防止两极分化"。我国农村成功打赢脱贫攻坚战之后，就立即开启了全面推进乡村振兴的新征程。当前，农村如何进一步实现共同富裕是一个崭新的时代任务，结合调研，形成以下观点。

一 当前农村走向共同富裕面临六大困境

2022年4月底，湖南省社科院乡村振兴队到驻地涟源市古仙界村，与乡村干部促膝细聊乡村振兴的困难与出路到深夜。就当晚聊到的主要困难可概括为"六个缺六个更缺"，即缺项目更缺产业、缺人更缺人才、缺钱更缺资本、缺农业条件更缺农业科技、缺文化更缺文明、缺管理更缺科学治理。当前，农村地区实现共同富裕存在六大难题。

（一）巩固拓展脱贫攻坚成果难

当前，农村特别是脱贫地区巩固拓展脱贫攻坚成果面临严峻挑战。农业产业特别是脱贫产业帮扶基础还不够牢固。比如，脱贫地区虽搞了一些产业，但技术、资金、人才和市场等的支撑力大多还不强，遇到市场风险时会出现"丰产不丰收"的现象。同时，扶贫车间的利润率较低，缺乏长远的发展动力，转型升级难。教育、医疗、住房、社保等民生领域兜底保障能力还不足。农村学校公用经费仅保运转，教室及教学条件等硬件设施薄弱，留不住老师。基层医疗体系建设滞后，看病贵、医疗费贵、医药费贵问题仍然存在。进城的农民后代，大多成"房奴"，一个家庭甚至一个家族为其在城市购房还房贷的不在少数。城乡低保差距和地区差距较大。

（二）农民增收确实难

促进农民持续增收是扎实推动共同富裕的客观要求，但农民的"钱袋子"

一时很难普遍鼓起来。无论是脱贫攻坚还是乡村振兴，农民收入构成中，进城务工收入始终占 70% 以上，究其原因：一是特色产业增收难。水稻种植受粮价"天花板"和成本"地板"双重挤压，有些地方亩均纯收入仅 410 元。有些地方特色农产品亩均效益高，但没有销售渠道，难以变现。二是扩大就业增收难。外出务工人员务工不稳定或收入减少，特别是疫情期间，相当一部分外出务工人员实际上很难找到工作，进城务工收入也很难保障。三是农民财产净收入增长难。从整体而言，先是大多数农民承包土地流转的可能性不大，即使可以流转，在土地流转过程中，农户更多的是以出租（转包）流转土地经营权，仅能获得土地流转费，很少有土地流转收益分红。

（三）乡村文化振兴难

乡风文明一直是乡村振兴的美好愿望，但实际上由于农村有知识有资本有技术的人绝大多数都流向了城市，而这些人回流的也不多，因此在城市大规模"抢人"背景下，乡村办文化太难了，即使办文化的农村地区，也存在许多困难。一是服务效能发挥不够充分。有些地区公共文化设施设备老旧、条件简陋，提供的服务种类和数量偏少，形式较为单一，群众喜闻乐见的公共文化产品不够丰富。二是乡村文化专业人才紧缺。乡村文化专业人才既有总量不足又有结构失衡问题，普遍存在人员配备不足、在编不在岗、专业不对口、专业水平低和"人才进不来、来了留不住"等问题。三是乡村文化建设内生动力不足。乡村文化市场经营单位缺乏活力，乡村文化产业发展水平不高。有基层干部反映，不少农村的人口被大中城市"虹吸"走了，农村不说人才，最缺的就是人气。

（四）农村生态环境治理难

生态宜居，是我们的美好向往。但大多数农村的生态现状确实令人担忧。一是人居环境内涵式提升难。有的脱贫地区村庄污水处理设施建设滞后，农户家里的厕所和洗澡洗衣的废水都排放至化粪池，达不到直排农田水系的标准要求。二是产业污染源头治理难。有的调研县轻度以上污染耕地面积占全县耕地面积的比重高达 17.64％。三是农村生态优势巩固难。有的村庄房屋建设呈现"有新房没新村、有新村没新貌"现象。

（五）基层治理提质增效难

一是基层组织"战斗力"提升难。有的乡村基层工作任务重、工作战线长、服务半径大，基层"白加黑""5 加 2"工作是常态，特别是"撤乡并村"后辖区面积扩大了 2~3 倍，工作量亦是呈指数级上升。二是农民自组织能力提高难。相当部分村规民约"流于形式"，不同程度存在"千村一面""假、大、空"现象，没有"相向而行"的凝聚力，村民犹如"一盘散沙"。

（六）农业农村优先发展难

农业农村优先是党中央的重大决策，党中央高度重视，但受经济运行惯性和农业增收很难直接增加地方财政收入等因素影响，优先发展战略可以说一时在绝大多数地区还存在落地落实难问题，主要表现在：一是县域范围内城乡公共服务资源分布很不均衡。优质医疗、教育、托幼、养老，以及住房保障等公共服务主要集中在县城，花钱去省市寻医看病也较普遍。调研中，就有位农民反映，为了让小孩进入县城小学就读，她花费 30 多万元在县城购买一套商品房，而县城房租很低，房子作为资产难以产生较大收益。看病时，普遍存在过度医疗问题，导致农民医疗负担重。二是城乡生产要素配置失衡。资金、技术、人才等生产要素主要还是从农村单向流向城市，即使农村有发展项目但落地难。例如，在普惠金融政策下，很多村可以获得银行的整体授信支持，但适用于授信贷款的项目并不多，往往担心因项目不能盈利而给村里带来负债。

二 推动农村走向共同富裕的若干建议

据调研，巩固拓展脱贫攻坚成果、加强农业基础设施建设、强化农业科技装备建设、推动农村产业高质量发展、拓宽农民增收致富渠道、健全乡村治理体系等重点工作任务，已经成为推进农村走向共同富裕的重要抓手，为此，提出以下政策建议。

（一）率先做强乡村产业

针对农村产业发展，建议因地制宜，突出当地优势，推进基层农技推广体系改革，加快推广良种、良机、良法，扩大大宗农产品保险覆盖面，支持探索绿色、有机农产品保险；着力构建"一村一品""一镇一业""一县一特"的特色产业格局，推进农产品精深加工，推动农业特色优势产业"接二连三"全产业链融合发展；加强产销对接，地方政府要支持做好肥料原料采购供应、农资销售、农业社会化服务保障，打通农村物流"最后一公里"。

（二）加强农民工群体就业保障

针对农民工就业保障，建议把农民工进城务工作为重点来抓，加强县镇村公共就业服务平台建设，完善公安、民政、税务等部门数据共享机制，优化集就业信息发布、劳务对接、工资权益保护、失业登记等于一体的农民工就业供需服务，支持就地就近就业；加强配套政策、资金、设备支撑，大力发展农村基础教育；加大农民工培训力度，优化创新创业环境。

（三）推进以县城为中心的城镇化

针对城乡融合体制机制及配套政策体系完善，缩小城乡差距，建议乡村振兴把重点放在城乡融合和一体化推进上，统筹县域城镇和村庄规划建设，积极有序推进实用性村庄规划编制，加强农村建房风貌管理；大力推进城乡基础设施统一规划、统一建设、统一管护，推动公共基础设施向村覆盖、向户延伸；加强产业路、农田水利、冷链物流等农业生产基础设施建设，加快数字乡村建设。

（四）着重改善农村人居环境

针对农村的"生态宜居"问题，建议始终突出生态宜居、乡风文明，制定县域农村面源污染整治规划，科学布局农村环保配套设施，推进乡村环保配套设施一次性建设到位并将其纳入养护目录；将农村生态环境治理成效作为县（区）乡村基层领导班子年度考核的重要内容；定期开展全域"美丽乡村""美丽农户"评选活动，推动环保理念深入农民心中。

（五）提升基层政府公共服务能力

建议当前重点聚焦民生保障，尽快直接让农民与城市居民享受同等公共服务，聚焦幼有善育、学有优教、病有良医、老有颐养、弱有众扶、住有宜居等重点领域，出台基本公共服务清单，明确城乡区域人群均等享有的保障标准；支持优先在全国改革九年制义务教育制度，建议小学 5 年、初中 2 年和高中 2 年，普及高中包括职高教育；加强农村低保制度与其他专项社会救助制度的有效衔接。

（六）推进乡村治理现代化

建议出台鼓励各类干部下乡扶持"三农"的人才政策，完善农业农村干部选拔机制，规定国家工作人员职务职级"每晋升"必"下基层"，基层挂职人员数量不受编制数额限制，同时，适当提升村干部待遇。特别是应创新农村文化活动形式，积极弘扬社会主义核心价值观，大力推进农村移风易俗，推动脱贫地区农民由"要我富"到"我要富"再到"我能富"的转变。

（七）持续深化农业农村改革

历史和实践证明，促进农村走向共同富裕，最管用的始终是党的富民政策，政策就是推动共富的神器。当前，应完善城乡要素平等交换、双向流动政策体系，完善农业转移人口市民化配套政策，建立健全城市人才入乡发展机制，完善"三农"投入优先保障机制，特别是应加强农村产权交易市场建设，盘活农村林地、耕地、闲置宅基地和闲置住宅等资源资产。比如，如何吸引和鼓励出生在农村愿意且渴望退休回老家农村养老的各类人才回乡置业、创业创新。

（八）强化共同富裕要素保障

农村走向共同富裕是百年大计，应统筹规划、步步为营、务实推进，其中要素保障是关键所在，重在通过市场配置资源的方式，盘活和整合农村各类资源。比如，当前应完善涉农资金统筹整合长效机制，推动涉农财政资金重点向村集体经济"薄弱村""空壳村"倾斜；引导涉农金融机构回归本源，针对乡村产业、农民工等开展特色化金融服务创新；深入实施职业技能提升行动和重点群体专项职业培训计划，做到"应培尽培、能培尽培"，培育好新农人。

农民精神富裕：测量与实现路径

廖永松　张宗帅[*]

摘　要： 农民精神富裕是共同富裕的重要内容，本文从现代性、乡土性和社会
主义核心价值观三个维度进行测量。改革开放后，我国农民文化素质
不断提高，精神生活更加丰富多元，乡村文化基础设施有效改善，农
耕文化、乡土文化和红色文化得到传承和发扬，民风持续向好。但
是，农民教育文化水平明显偏低，精神文化消费质量不高，理想信念
弱化和功利化，传统优秀道德文化受到冲击，农民对社会主义核心价
值观的认同有待加强。建议立法实施农民12年制义务教育，加大乡
村文化设施投入，以乡村休闲旅游业为载体，丰富乡村文化生活，加
强农村党组织对农民精神生活的引导，打击农村各种非法宗教活动，
确保农民精神生活生动活泼、健康向上。

关键词： 精神富裕　乡村文化　共同富裕　核心价值观

---

[*] 廖永松，中国社会科学院农村发展研究所研究员，主要研究方向为农村产业经济、农业企业管
理；张宗帅，山东师范大学文学院讲师，主要研究方向为农村社会文化。

习近平总书记指出，"共同富裕是全体人民共同富裕，是人民群众物质生活和精神生活都富裕"，"促进共同富裕，最艰巨最繁重的任务仍然在农村"。[①]农民作为建设中国特色社会主义市场经济的重要参与主体，农民物质富裕和精神富裕是共同富裕的重要组成部分，也是实现共同富裕的焦点和难点。精神富裕与物质富裕相互生成、相互作用、对立统一，但精神富裕有不同于物质富裕的历史性、社会性和不可见性等诸多特点，使得研究农民精神富裕的内涵、测量、发展目标和实现路径有其独特的理论意义和实践价值，本研究在对标我国2035年和2050年两个现代化奋斗目标下对此进行初步探讨。

一　农民精神富裕的内涵与测量指标

（一）农民精神富裕内涵探讨

"精神"一词在汉语词典中的解释是指人的意识、思维和一般的心理状态。作为马克思主义哲学的范畴，精神是主体的人对客体世界的主观映象，由知、情、意相统一的结构系统构成；"富裕"指财富的丰富充足，与贫困相对，包括对财富的占有、消费、享受以及人对财富的创造能力。将精神和富裕结合起来，指人在一定的社会物质生产方式基础上，对思想道德素质、文化知识水平、意识观念、价值取向、理想情操和风俗习惯、思维与行为方式的创造和拥有程度，以及由此得到的精神满足和享受状态。[②]在社会主义共同富裕的时代背景下，精神富裕具有实然和应然的内在规定性。精神作为一种社会文化产品，同物质产品一样，表现为精神产品的生产、流通、分配和消费的再生产循环过程，从而使人们在心理生活、文化生活和信仰生活三个维度达成共赴美好生活的精神状态，形成中华民族伟大复兴和世界命运共同体的精神自觉[③]。

---

① 习近平：《扎实推动共同富裕》，《求是》2021年第20期。
② 汪青松：《精神富裕的内涵与特征》，《郑州航空工业管理学院学报》（社会科学版）2008年第5期。
③ 柏路：《精神生活共同富裕的时代意涵与价值遵循》，《马克思主义研究》2022年第2期。

　　与形而下的物质富裕不同，精神富裕需要物质富裕作为支撑，但精神富裕可以独立于物质富裕而存在，物质富裕也并不意味着精神富裕。一方面，仓廪实而知礼节，衣食足而知荣辱，没有物质富裕作为基础的精神富裕容易走向虚无主义。另一方面，历史上也有大量如颜回一箪食一瓢饮、乐道安贫的精神领袖，体现出精神世界本身的超然性。中国共产党人既追求物质富裕、民族富强，同时也时刻以马克思主义为指导思想、信念。精神富裕的对立面是精神贫困，指个体或者群体的精神状态落后于生产力发展方式或者落后于社会总体精神风貌，在形态上表现为绝对精神贫困和相对精神贫困，要实现从精神贫困到精神富裕的转变，就需要主体较高的教育水平、高质量均衡发展的经济基础、社会主义核心价值观的引领、文化自信和均衡发展。[1]

　　精神富裕不是一个空中楼阁，提出一个理论概念，并界定其内涵和外延，是为了用于评估、指导人们精神生活现状，并从应然对比的角度，厘清现实与希望实现的应然状态之间的距离，最后用于指导实践。精神富裕的外在形态，体现为人民文化消费支出比重较高，人民精神健康向上，个人爱好特长得到尊重和发展，人们幸福感强、生活满意度高，可用文化产业发展和综合素质提升两个二级指标来监测。[2]2021年11月，文化和旅游部、浙江省人民政府联合印发了《关于高质量打造新时代文化高地推动共同富裕示范区建设行动方案（2021—2025年）》，充分体现了通过文化建设和旅游发展来促进人民精神富裕的基本思想，对推动精神富裕实践具有很好的案例意义。

　　我国是一个农民群体基数庞大的社会主义国家，作为精神富裕中的重要群体，农民的精神富裕既要具有社会共性特征，也要充分体现农民生产、生活和生态环境的特殊性。农民精神富裕的内涵，是反映和衡量基于一定农业生产及相关生产经营活动的劳动者群体在精神生产和精神生活领域对各种精神要素和资源的选择、追求、创造程度，以及在此过程中所获得的精神财富的拥有、享受、发展和超越状态，其衡量指标包括方向性、主体性、现代性和真实性四

① 王爱桂：《从精神贫困走向精神富裕》，《毛泽东邓小平理论研究》2018年第5期。
② 李金昌、余卫：《共同富裕统计监测评价探讨》，《统计研究》2022年第2期。

个维度。① 从现实功用的角度，农民精神富裕是农民自我实现的需要，是乡村集体凝心聚魂的文化需要，也是推动乡村有效治理的需要。② 在我国，"农民"这一概念的内涵比较丰富，既表明了个体从事农业生产的职业特征、生活在乡村的区域特征，也体现了其社会特征。不同行业、不同地区、不同民族、不同收入水平的农民文化差异很大，既有农民企业家、农民艺术家，也有收入较低的小农个体。因此，农民精神富裕，既要体现农民作为现代社会公民一员的现代性特征，也要有体现农民具有的农耕文明传统性、民族性和地域性特征，体现农民之所以被称为"农民"的文化身份特征。联合国粮农组织（FAO）的数据显示，2018 年全世界有 34.1 亿乡村人口，但以农业生产为生的人口只有 13 亿，其中中国和印度两国乡村人口占全世界乡村人口的 1/3，发达国家乡村人口绝对值和相对值都很低。我国作为社会主义国家，有不同于其他制度和国家的独特性，需要充分体现社会主义核心价值观的主导作用。

（二）农民精神富裕的三大特征

1. 农民精神富裕的现代性

随着现代社会发展和现代化进程的推进，不论是生活在城镇还是在农村、不论是生活在发达国家还是在发展中国家或是最不发达国家，不论是以农业为生还是以其他职业为生，不论是小农户还是有一定经营规模的大农场，不论是信仰基督还是其他宗教……人们在精神生活上都经历着工业化、城镇化、信息化和现代化的洗礼，现代社会要求个体具备适应由现代生产技术所创建的社会环境的能力和意识，如电脑、互联网技术，不管个人喜欢还是不喜欢，都需要去理解、学习和使用。农民的精神富裕，需要农民内在素质、认知、价值观、理想、信仰与自治、法治和德治相结合的现代乡村治理体系相协调、相耦合和相促进。现代农业由先进的科技装备和管理理念构

---

① 汪青松：《基于实证领域的农民精神富裕分析——以河南省为例》，《石家庄学院学报》2012 年第 3 期。
② 颜笑涵：《农民富：富物质更应富精神》，《中国发展观察》2019 年第 21 期。

成，需要农民具备一定的文化知识，具备运营现代农业的基本能力。农业和农村现代化为农民现代化奠定了物质基础，农民物质富裕为其精神富裕创造了条件，也促使农民随着物质条件改善而产生更高层次的精神需求；与此同时，农民的认知水平提升、现代意识增强，反过来也会促进其对物质财富的创造。农民精神富裕是农民丰富自身、实现人生价值的需要，也是农业农村现代化的客观要求。离开了现代性谈农民精神富裕，背离了精神富裕的历史性、动态性和社会性原则，即使是幸福感高、生活自足自乐，也不能代表社会发展的大趋势，与世界现代文明发展方向相背而行。

2. 农民精神富裕的乡土性

作为中国传统农耕文化的继承者和新乡村文明的建设者，农民精神富裕需要充分考虑其乡土性。乡村继承着传统的农业生产生活方式，保存着具有地域特色和民族特色的民风习俗、民间工艺及文化景观，保留着许多积极的后现代文化要素，如重视亲情孝顺、家庭友爱、勤劳朴实、感恩知足等优秀品德。这些独具特色和多样性的乡村文化资源，相对于同质化、快节奏的城市文化具有很强的互补性，成为实现农民精神富裕的资源宝库和发扬传统文化的基础。因此，农民精神富裕的内涵之一在于通过现代意识对传统乡土文化重新赋能，加强农民的文化自觉意识，提升农民精神文化自信，增强社会对农村优秀传统文化的认同。强调农民精神富裕的乡土性，是要充分认识农民精神世界的独特性、差异性和多样性。农民精神富裕的乡土性要求乡村文化要不同于城市文化，不能将城市文化照搬到乡村。传统乡村熟人社会下农民的人生观、价值观、宗教信仰与现代社会之间必然存在冲突，与城市居民相比，农民适应工业文明、城市文明和商业文明的过程更为漫长，推动农民精神富裕更需要历史耐心，测量和考核标准不能单一。

3. 农民精神富裕的社会主义特色

不同于世界上很多发达资本主义国家，我国选择的是一条具有中国特色的社会主义道路，农民精神富裕必然要在社会主义核心价值观下实现，这是对农民精神富裕的方向性要求。农民精神富裕的目标追求，是社会主义核心价值观在乡村的具体体现。农民学习什么、坚持什么、反对什么，一切都要遵循发展社会主义事业的根本要求。乡村文化建设，要体现党的意志，增强农民对党和国家的认同感、自豪感。"听党话，感党恩"要深入农民内心，让农民的精神生活与党和国家方针政策相一致。农民道德观念、法律意识、审美情趣、宗教信仰，都要体现党和国家的基本要求，一切有利于农民爱国、敬业、诚信、友善，有利于自由、平等、公正、法治，有利于富强、民主、文明、和谐的思想观念都应大利提倡和鼓励，把建设社会主义美丽乡村，缩小城乡差距、区域差距、行业差距，最终实现乡村全面振兴内化于农民本心，充分激发农民的爱国主义、集体主义、社会主义热情，发扬农民作为社会主义乡村繁荣富强主体的作用，切实增强农民精神富裕的自觉性和能动性，让社会主义乡村精神文明超越其他社会制度，引领世界农业农村现代化建设，为丰富世界精神文明作出中国贡献。

（三）农民精神富裕测量指标

农民精神富裕概念要看得见、摸得着，能够用于引导、评价、考核监督农民精神生活实践，就需要设定一些能充分体现农民精神富裕的测量指标。需要说明的是，农民精神富裕不同于物质富裕那样容易定量化，在指标设定整齐划一的同时，也要充分体现各地的差异性和丰富性。结合已有研究，我们尝试从现代性、乡土性和社会主义特色三个维度设计主体性测量指标。指标可以用绝对值，也可以用与不同居民、不同国家、不同职业、不同宗教信仰等相对比的数值。

在体现农民精神富裕的现代性方面，设计以下指标：①农民文化教育程度，如农民教育年限，自主知识学习的意愿、强度；②农民职业能力，如农业科学技术知识、农业市场经营管理知识、农业网络信息知识水平；③农民文化娱乐消费水平，如农民人均文化消费水平、文化消费结构；④农民文化娱乐创造能力，如农民精神文化作品创造、农村文化活动空间、农村文化服务机构、农村体育设施等基本公共文化服务供给水平。

在体现农民精神富裕的乡土性方面，可从农业农村生活和生态环境三个维度设计指标：①与农业生产活动相关的精神文化，如农业节庆活动、农业文化遗产、农具博物馆、农业文化产业（手工艺）产值；②与农民生活相关的精神文化，如农村特色建筑和街巷面积、非物质文化遗产、宗教祭祀场所、民俗文艺团体、传统演艺（舞蹈音乐体育赛事）、传统医学医药、民间文艺表演；③与乡村生态和人居环境相关的精神文化，如乡村景观，乡村森林、湖泊、泉水、湿地等自然景观，乡村野生动物栖息地。

在体现农民精神富裕的社会主义特色方面，设计以下指标：①农村党建水平，如农村党员数量，党员职业、年龄结构、性别比例，农村党员学习教育活动；②红色文化传承，如红色文化遗址纪念馆建设、新时代文明实践中心场所、党建文化长廊广场公园、社会主义法治宣传教育；③村民自治发展，如农民专业合作社、养老协会；④村规民约家风乡风建设，如农民道德模范、农村精神文明家庭（见表1）。

表1　农民精神富裕测量指标

维度	一级指标
现代性	①农民文化教育程度 ②农民职业能力 ③农民文化娱乐消费水平 ④农民文化娱乐创造能力
乡土性	①与农业生产活动相关的精神文化 ②与农民生活相关的精神文化 ③与乡村生态和人居环境相关的精神文化
社会主义特色	①农村党建水平 ②红色文化传承 ③村民自治发展 ④村规民约家风乡风建设

二　我国农民精神富裕取得的成效

（一）农民精神富裕的现代性有很大提高

现代性的基础是农民能掌握现代科学文化知识，提高农民文化素质是农业农村现代化的根本。2002 年《国务院关于基础教育改革与发展的决定》（国发〔2001〕21 号）明确提出，加强农村义务教育是涉及农村经济社会发展全局的一项战略任务。我国实行全民 9 年义务制教育，通过加强乡（镇）人民政府的主体责任，农民基础教育程度明显提升。同时，国家大力加强农民职业教育，农民职业能力提高，特别是返乡创业人员增多，一大批文化程度高的新型农民经营主体参与农业生产经营，通过"公司＋合作社＋农户""公司＋集体经济＋农户""集体经济＋农户"等多种利益联结机制，极大地提高了现代农业生产水平，极大地提升了小农户和贫困农民的自我发展能力。通过提高乡村文化公共设施服务水平，不断满足农民精神文化消费需求。截至 2020 年底，我国 2578 个县（市、区）建成文化馆总分馆制，2379 个县（市、区）建成图书馆总分馆制[1]，建成乡镇文化站 32825 个[2]，组织文艺活动 61.3 万次，建成村（社区）综合性文化服务中心 57.54 万个、农家书屋 58.7 万家，文化馆（站）指导的群众自办业余文艺团体达 44.18 万个。农民自办自创的基层文化组织增加，农民自编自导的各种文娱活动演出数量和质量明显提升，越来越多的农民掌握网络直播、短视频平台等信息工具，进行乡村文化创作、在线休闲娱乐、在线旅游，以此提升农民文化产品创建能力。在乡村精神文化产品供给数量和质量提升、农民收入持续增长的推动下，农民教育文化娱乐消费增加。2021 年农村居民人均教育文化娱乐支出达 1308.7 元，占消费总支出的 9.5%[3]，比 2014 年提高了 52%。

（二）农民精神富裕的乡土性得到一定传承

农民精神富裕来自农民的日常生产生活，乡土风情、乡土文化是农民的精神家园。通过学习、体验和实践活动，将农民的精神活动内化于心、外在于行。我国是有 5000 多年农耕史的文明古国，优秀的传统农耕文化极其丰富多

---

[1] 农业农村部农村社会事业促进司：《中国农村社会事业发展报告 2021》，中国农业出版社，2021。
[2] 国家统计局：《中国农村统计年鉴 2021》，中国统计出版社，2021。
[3] 国家统计局：《中国农村统计年鉴 2021》，中国统计出版社，2021。

彩，各种农业文化遗产、传统村落、非遗文化、传统节日、乡村景观以乡村休闲旅游为载体，得到认定、保护和合理开发，促进了城乡之间、区域之间的文化交流，在新时期新技术条件下，乡土文化得以传承发扬，农民精神生活丰富多彩。截至 2020 年，农业农村部共认定了 5 批 118 项中国重要农业文化遗产，自 2012 年始，国家分 5 批将全国 6819 个具有重要保护价值的村落列入中国名录。[①]2015 年以来文化部联合教育部、人力资源社会保障部实施"中国非物质文化遗产传承人群研修研习培训计划"，截至 2020 年底，全国累计举办各类培训班 850 余期，培训学员 3.3 万人，覆盖传承人群超过 10 万人。2020 年春节、元宵节期间，各地组织开展民俗文化活动 38 万场，现场观众 3.79 亿人次，网络参与超 4.65 亿人次。各种油菜花节、西瓜节、荔枝节、农业嘉年华活动与乡村休闲旅游相结合，丰富了传统农业文化活动。中国农民丰收节、广场舞展演等活动丰富多样。例如，文化和旅游部联合腾讯视频、爱奇艺等 8 家网络平台举办"云游非遗·影像展"，将 1600 余部非遗传承记录影像、非遗题材纪录片搬上网络进行公益性展播，吸引包括农民在内的网络用户发布非遗相关视频总数超 8 万个。[②]美丽乡村建设与乡村休闲旅游相结合，美化了乡村环境，提升了民风家风，加强了党组织与农民的联系，提升了农民的精神自信。

（三）农民精神富裕的社会主义特色得到有效保障

根据 2020 年第七次全国人口普查结果，我国乡村居住人口 5.1 亿人，占全国人口总数的 36.1%，在中国城镇化达到较高水平后，农民群体在数量上依然庞大。因此，让广大农民发自内心的认同中国特色社会主义制度，在理想信念上与国家在农村的基本方针保持高度一致，对于乡村振兴和社会主义事业而言至关重要。在党的领导下，我国形成的自治、法治和德治相结合的乡村治理体系，有效保障了农民精神富裕的社会主义特色。2018 年 11 月中共中央政治

[①] 农业农村部农村社会事业促进司：《中国农村社会事业发展报告 2021》，中国农业出版社，2021。

[②] 农业农村信息化专家咨询委员会：《中国数字乡村发展报告（2020 年）》，2020 年 11 月。

局审议了《中国共产党农村基层组织工作条例》，明确指出"农村工作在党和国家事业全局中具有重要战略地位，是全党工作的重中之重"，党要"培养有理想、有道德、有文化、有纪律的新型农民"。在党的领导下实行村民自治，充分保障农村政治民主，农民通过村民委员会组织形式，参与乡村公共事务治理。在红色革命老区，以红色旅游为载体，宣扬红色文化，讲好红色故事。据调查，我国农民的幸福感、生活满意度与城镇居民乃至发达国家居民差异不大，[①] 广大农民对党和国家的心理认同感很高，对中国特色社会主义的理想信念非常坚定，走中国特色社会主义发展道路成为共识，对党和国家在农村采取的一系列方针政策高度赞扬，特别是 8 年脱贫攻坚战取得重大胜利和 2020 年全面小康社会如期建成，更是激发了农民群众作为中国人的自豪感和使命感。

三　农民精神富裕存在的主要矛盾

目前制约我国农民实现精神富裕的客观因素仍然较多，与农业农村现代化要求不相适应，主要表现如下。

（一）农民教育文化程度不高

文化程度是表征人力资本最重要的指标，研究显示，农民的文化程度不仅决定着其物质财富创造能力，而且决定着其社会、政治、经济地位和思想观念。农民的文化程度是其精神富裕最为基础的要素，但目前我国农民文化水平偏低。2020 年，我国农村居民家庭户主文化程度方面，未上过学的占 3.4%，小学文化程度的占 32.3%，初中文化程度的占 51.3%，高中文化程度的占 11.2%，大学专科及以上程度的占 1.6%。可见，农村居民家庭户主文化程度初中及以下的约占 87%，高中及大专以上的只约占 13%[②]，与发达国家相比，

---

① 廖永松：《精准扶贫精准脱贫百村调研·交汪村卷——党建引领下的苗村脱贫之路》，社会科学文献出版社，2018。
② 国家统计局农村社会经济调查司编《中国农村统计年鉴 2021》，中国统计出版社，2021。

农民的文化程度存在较大差距。以美国为例，2020 年美国农民 87% 为高中及以上文化程度。笔者在日本农村考察时发现，当前我国大多数地区农村公路、水电气网等硬件基础设施建设水平与日本相差不大，但在农民文化素质、职业能力与精神面貌等方面，我国存在明显短板。与发达国家相比，我国广大农民在"软实力"上还有很大的提升空间，远不能适应现代市场经济、现代契约社会、现代法制社会的要求，可以说，农民的文化程度是当前我国实现农民精神富裕的首要制约因素。

（二）农民精神需求层次有待提高

按照马斯洛的需求层次理论，基本的生活需求被满足之后，就会激发个体更高层次的自我实现需求。目前我国农民的收入和消费水平总体较低，很多人刚刚解决温饱，对于更高层次的发展性和超越性精神追求还是一种奢求。大多数农民的幸福感、获得感来自与过去生活的对比，满足于吃饱穿好的享乐性需求。2020 年我国城镇居民在教育文化娱乐上的人均消费支出为 2591.7 元，相比之下，农民在教育文化娱乐上的人均消费支出仅为 1308.7 元，城镇居民的人均教育文化娱乐消费水平约是农村居民的两倍。不少农民把大部分收入用于婚丧嫁娶等人情往来上，而不愿意用于购买图书等发展性消费。农村除了少部分农业企业、农民专业合作社经营者等新型农民对学习有较大需求外，很少农民把时间花在学习上。打麻将、打纸牌甚至赌博是农民常见的娱乐活动，而对于科学发明、音乐艺术、写作绘画等更高层次的精神创造只是少数农民才有的理想追求。从艺术演出场次看，农村演出场次只占全国总场次的 37.85%，演出的观众人数方面，农村观众人数只占全国观众人数的 36.6%[1]。城市白领阶层追求的休闲活动，对很多农民来说是无事可做的无聊时光，农民的闲暇时间无意义感突出。对农村老人、妇女、儿童等留守群体的精神生活支持与引导不足，一部分农民出现了自闭、焦躁、孤独等精神困境[2]，2021 年，乡村留守儿

---

[1] 国家统计局农村社会经济调查司编《中国农村统计年鉴 2021》，中国统计出版社，2021。
[2] 郝亚光:《促进农民精神生活共同富裕的地方实践评析》，《国家治理》2021 年第 45 期。

童抑郁检出率为28.5%，过度焦虑检出率为27.7%[1]，农村留守老人中四成以上存在害怕和孤独的心理感受[2]。

（三）农民精神富裕缺乏有效载体

农民精神富裕的乡土性，就是要把丰富的乡土文化产业发展好，让农民精神有所承载、有所依托。近年来，我国充分挖掘农业资源的多功能性，以乡村文化旅游产业发展为载体，在带动农民创造物质财富的同时，丰富农民生活。但总体上看，乡村文化旅游的发展还面临很多现实困境，农民精神富裕承载力不强，乡土文化受到城市文化强烈冲击。有知识有文化的青壮年农民进城务工，农民的行为规范和道德评判的价值系统得不到集体身份认同，祠堂、戏台、集市等传统乡村公共文化空间日渐式微，传统手工艺品销售市场日益萎缩，农村传统技艺传承断层，地方传统戏曲种类急剧减少，人才队伍青黄不接，农家书屋、文化广场、活动室等现代乡村公共文化功能无法有效发挥[3]，各地发展的不少休闲旅游项目照搬城市旅游项目运营模式，同质化严重、千篇一律，未能使乡土文化特色和农民内在精神赋能乡村文化旅游活动，经济效益欠佳，有的还因非法占用耕地，影响国家粮食安全大局而被清理整顿。

（四）理想信念弱化，非法宗教思想在乡村传播

市场经济极大地激发了人们创造财富的内在动力，但是如果缺乏有效的制度和道德约束，任由资本无序扩张，那么商品就会凌驾于劳动者之上，支配着劳动者的命运，产生劳动异化，这一现象马克思在分析资本主义私有制下商品拜物教产生的原因时就明确指出过。我国是社会主义国家，坚持走具有中国特色的社会主义道路，就是要充分发挥社会主义制度的优越性，让勤劳致富成

---

[1] 农业农村部农村社会事业促进司：《中国农村社会事业发展报告2021》，中国农业出版社，2021。
[2] 农业农村部农村社会事业促进司：《中国农村社会事业发展报告2021》，中国农业出版社，2021。
[3] 吕宾：《乡村振兴视域下乡村文化重塑的必要性、困境与路径》，《求实》2019年第2期。

为收入分配的基本制度。不可否认的是，近年来城乡差距仍然很大，农民工市民化还没有完全实现，影响了部分农民甚至乡村党员干部的人生观、价值观。农民家风家训传承意识日趋淡化，道德缺失、利益至上等负面影响开始显现。一些镇村干部贪污腐败，把集体经济变成镇村干部的"个人经济"。部分农村党员理想信念丧失，权力金钱至上，办事靠关系，靠金钱运作；有事不找党组织，反而与一些非法宗教组织有所关联，对农民群众的生产生活毫不关心，造成一些地方非法宗教思想在农民特别是在老年农村妇女中大量传播。有的散布歪理邪说，制造混乱恐慌；有的乱建滥塑宗教神像，借宗教敛财；有的从事"治病""驱鬼"等封建迷信活动，骗钱骗人；有的组织非法宗教活动，非法发展信徒，一些地方甚至出现宗教狂热现象；有的甚至与境内外敌对势力勾联，传播极端主义和分裂思想，破坏民族团结，危害国家安全。[1]

四　农民精神富裕的目标与实现途径

（一）农民精神富裕的目标

人民精神生活的共同富裕的目的在于促进人的全面发展，使社会主义核心价值观深入人心，继承和发扬优秀传统文化，促使人民群众的精神生活丰富、精神自信自强、精神面貌良好，不断满足人民群众多样化、多层次、多方面的精神文化需求。共同富裕只有相对标准，没有绝对标准，因此农民精神富裕具有相对性和时代性，与一定历史条件下的生产力水平和生产关系相适应，是一个从低级到高级、从局部到全面的动态过程，需遵循共建、共享、可持续发展原则。

到 2025 年，农民精神富裕的目标为：①农民 12 年义务教育制度全面实施，农民职业资格得到全面认定；②城乡一体的现代公共文化服务体系全面覆盖，发展不平衡不充分的矛盾得到明显缓解；③优秀乡土文化得到大力发扬，

---

① 武志伟：《正本清源，抵制非法宗教、邪教向农村渗透》，《中国民族报》2019 年 3 月 18 日。

体现乡村文化特色的文化活动显著增加，民风进一步向好；④社会主义核心价值观深入人心，党领导下的村民自治制度更加完备。

到 2035 年，与农业农村现代化发展目标相适应，从现代性、乡土性和社会主义特色三个维度制定农民精神富裕目标：①农民的科学素养、人文素养全面提升，文明习惯全面养成；②城乡文化公共消费支出比例基本相同，城乡文化服务供给基本平衡，区域差距明显缩小；③体现乡村文化特色的文化活动显著增加，农民的文化自信明显增强，精神凝聚力和精神文化活动参与度显著提高，共同富裕内生动力全面激发；④农民群众共享现代化发展成果和幸福美好生活，对于中国特色社会主义发展道路有更强的认同感，对中国共产党领导下的社会主义事业有更高的参与积极性，享有更高水平的获得感、幸福感和安全感。

（二）农民精神富裕的实现路径

1. 以推进乡村 12 年制义务教育为重点，提升农民现代性

从世界各国乡村发展经验看，没有一个较高文化程度的农民群体，农民物质富裕和精神富裕就无从谈起。应加快推进乡村 12 年制义务教育，把精力用在培育新一代农民身上。在财力有限的情况下，可以先把农村适龄女童纳入 12 年制义务教育范畴。提高农村女性的文化程度，可以从根本上改变农民家庭的思想观念、道德情操、心智模式和行为方式。加快推进乡村 12 年制义务教育是实现农民精神富裕的根本性措施。此外，大力提升农民职业能力，增强农民从事现代农业经营的能力。建立短期培训、职业培训和学历教育衔接贯通的农民教育培训制度，促进农民终身学习。充分发挥农业广播电视学校、农业科研院所、涉农院校、农业产业化龙头企业的引导作用，促进优质教育资源下沉乡村，推进教育培训资源共建共享。将脱贫攻坚中形成的机关企事业单位党员干部结对帮扶贫困户的做法形成制度，除了让普通农民获得物质帮助，更让他们增长见识，在困难中感觉到有可依靠的人，极大地改善农村干群关系。在农村大力开展大众创新、万众创业的时代背景下，鼓励城市新乡贤进村入户，

为农民提供技术、资金和市场渠道等支持。大力支持互联网平台联农带农，实施乡村网红培育计划，组织农民学习政策、规划、创意、管理等业务知识，增强乡村从业者利用互联网技术开展电子商务的能力。

2. 以重塑乡村优秀文化为切入点，提升农民精神自信

自给自足的传统农民，生产经营规模小，收入水平低，与外界缺乏广泛联系，传统农民精神中除了勤俭节约、朴实善良等积极的一面，也有逆来顺受、因循守旧、目光短浅、组织意识不强等消极的一面。长期的城乡二元经济社会结构，使得农民群体缺乏身份认同和文化认同，影响了农民的精神自信，设法变为"城里人"成为农民的人生追求。除了在基本制度上要消除对农民的歧视，还需要从农民主体入手，深入挖掘乡村优秀文化，让看得见山、望得见水的乡村成为在喧嚣中生活的城里人向往的田园牧歌，让农业成为有科技支撑、有利益保障的新型产业，让农民获得应有的职业和社会尊重。要查清乡村文化资源的本底，通过农民参与村志编写、制定乡村发展规划、宣传乡村特色产品和地标产品等文化活动，让农民了解乡村文化历史脉络，明白乡村好在哪、美在哪，提高乡村审美情趣，理解乡村文化的独特价值。要逐步加大对乡村文化基础设施建设的投入，深入实施农耕文化传承保护工程，加强农业文化遗产发掘认定和转化创新，弘扬农耕文化、地域特色文化，以及戏曲曲艺、传统体育等农村优秀传统文化，推动民间艺术、民间技艺等非遗保护性传承。打造乡村节日民俗活动，振兴传统农业节庆，借助端午、中秋等传统节日，形成具有区域影响力的乡村名片。加强历史文化名村名镇、传统村落、农村文物、文化遗产和古树名木保护，建设农耕文化馆、民俗博物馆、乡村记忆馆等文化服务设施。要充分利用数字网络技术，打造会讲、善讲乡村故事的"乡村网红"，全面提高农民的文化自觉意识和精神自信。

3. 以发展乡村文化旅游业为载体，丰富农民精神生活

丰富多彩、底蕴深厚的乡土文化是农民精神富裕的资源保障，通过创新乡土文化融入乡村文化旅游业的方式方法，推动乡村文化旅游提质升级，让农民在建设有品位的美丽乡村过程中，消除精神贫困，实现与现代城市文化的联

结和互动。加强乡村精神文化公共基础设施建设，创新精神文化公共服务体制机制，坚持政府主导、社会力量参与的精神文化公共服务原则，将农业遗迹、农田水利工程遗产、农业文化遗产、传统村落、非物质文化遗产等农村特色文化融入乡村旅游产品和文创产品开发中，推动农业与旅游、教育、康养等融合，发展田园养生、研学科普、农耕体验、民宿康养等乡村文化旅游新业态。实施休闲农业和乡村旅游精品工程，支持乡村依托非遗展示馆、传习所、工坊等设立非遗旅游体验基地，开展乡村非遗研学游、体验游等，打造一批兼具教育性、艺术性、体验性的乡村休闲旅游精品景点线路。实施好全国休闲农业重点县建设，打造有科技含量、有文化底蕴、有农民广泛参与、发展质量高的休闲农业。打造具有乡村特色的文化产业和文创产品，引导和整合设计企业、高等院校、行业协会、新媒体平台等社会力量发挥文化创意优势，对乡村手工艺、民居、餐饮等特色资源深入挖掘、提炼，以培训、研习互动等多种方式完善创意产品体系，以乡村文化创意推动农民精神富裕。通过直播、短视频等数字技术，多维度传播以乡土文化为主题的文创产品，推广县域小众景区、特色民风民俗、乡村风光，为消费者提供更多的直观体验和在线互动。通过乡村文化旅游业可持续发展，实现乡风文明和农民精神富裕。

4. 以社会主义核心价值观为引领，保障农民精神健康向上

在中国特色社会主义新时代，必须把"坚持党对一切工作的领导"作为新时代坚持和发展中国特色社会主义的基本方略。坚持党组织在乡村基层工作中的思想引领作用，就是要以社会主义核心价值体系引导农民的精神文化生活。从日常性的农民闲暇文化生活和引导性的乡村文化治理入手，既要满足农民喜闻乐见的民间文化需求，又要加强社会主义先进文化对农村文化风气的引领和塑造。深入开展新时代中国特色社会主义思想学习教育，加强党史、新中国史、改革开放史、社会主义发展史教育。大力宣讲红色文化，讲好红色故事，发展红色旅游，在对农民进行爱国主义、集体主义和社会主义教育中树牢共同富裕理念。以社会主义核心价值观消解农民尤其是新生代农民在精神信仰、价值观念方面的冲突，使农民精神文化与社会主义核心价值观相适应。革

除高价彩礼、人情攀比、厚葬薄养、铺张浪费等陈规陋习,加强农村家庭、家教、家风建设,深化文明村镇、星级文明户、文明家庭创建。乡村党员干部应主动带头,宣传社会主义新时代孝道观、婚姻观、世界观,要让农民把资源和心思用在科学种田和更积极向上的文化娱乐活动上。依法管理农村宗教事务,加大对农村非法宗教活动和境外渗透活动的打击力度,依法制止利用宗教组织干预农村公共事务的行为,确保农民精神积极向上,夯实党高效治理农村的文化基础。

参考文献

张车伟主编《中国人口与劳动问题报告 No.22》,社会科学文献出版社,2022。

习近平:《扎实推动共同富裕》,《求是》2021 年第 20 期。

汪青松:《精神富裕的内涵与特征》,《郑州航空工业管理学院学报》(社会科学版)2008 年第 5 期。

柏路:《精神生活共同富裕的时代意涵与价值遵循》,《马克思主义研究》2022 年第 2 期。

王爱桂:《从精神贫困走向精神富裕》,《毛泽东邓小平理论研究》2018 年第 5 期。

李金昌、余卫:《共同富裕统计监测评价探讨》,《统计研究》2022 年第 2 期。

汪青松:《基于实证领域的农民精神富裕分析——以河南省为例》,《石家庄学院学报》2012 年第 3 期。

颜笑涵:《农民富:富物质更应富精神》,《中国发展观察》2019 年第 21 期。

农业农村部农村社会事业促进司:《中国农村社会事业发展报告 2021》,中国农业出版社,2021。

农业农村信息化专家咨询委员会:《中国数字乡村发展报告(2020)》,2020 年 11 月。

廖永松:《精准扶贫精准脱贫百村调研·交汪村卷——党建引领下的苗村脱贫之路》,社会科学文献出版社,2018。

郝亚光:《促进农民精神生活共同富裕的地方实践评析》,《国家治理》2021 年第

45 期。

吕宾：《乡村振兴视域下乡村文化重塑的必要性、困境与路径》，《求实》2019 年第 2 期。

武志伟：《正本清源，抵制非法宗教、邪教向农村渗透》，《中国民族报》2019 年 3 月 18 日。

共同富裕视阈下
湖北强村带弱村发展模式分析

赵丽佳*

摘　要： 湖北强村带弱村主要有"联合党委"和"联村发展"两种模式。为了进一步推动强村带弱村，实现农村共同富裕，要从省级层面、县乡层面、村级层面协同推进，形成"N+N""1+N""1+1"等多种模式共同发力的格局，推动强村从基层组织建设、产业项目发展、文明乡风建设、村民创业就业等方面对弱村进行整体帮带，完善党建引领、组织动员、工作推进、奖励晋升、宣传推广等方面的机制。

关键词： 强村带弱村　共同富裕　湖北省

　　共同富裕是社会主义的本质要求，是中国式现代化的重要特征，是关系党的执政基础的重大政治问题。先富带动后富是实现共同富裕目标的根本手段，也是社会主义制度优势的体现。推动共同富裕，短板弱项在农业农村，优化空间和发展潜力也在农业农村。因此，亟须在农业农村建立先富带动后富的

---

　　* 赵丽佳，湖北省社会科学院农村经济研究所副研究员，主要研究方向为农村集体经济。

帮促政策制度，实现精准扶贫与乡村振兴的有效衔接，抬高湖北全省共同富裕的底板。

一　湖北强村带弱村的主要模式

目前，湖北农村集体经济以强村带弱村的抱团发展推动农村农民共同富裕，主要有"联合党委"和"联村发展"两种模式。

（一）"联合党委"模式

"联合党委"模式在湖北出现得比较早。从 2010 年开始，在不改变行政村区域建制和保障村民自治的前提下，武汉市蔡甸区星光村与地域相邻、资源互补的红焰村、新安堡村、邱林村和三红村等 4 个村党组织就成立了星光村联合党委。联合党委探索出了"四联四包"以及"两分六统"的工作机制。"四联四包"是指 5 个村"组织联建、经济联动、队伍联管、活动联谊"的工作模式和"书记包村、委员包组、党小组长包点、党员包户"的责任制。"两分六统"是指村务与企业分开，福利暂时分开，统一组织领导、统一经济管理、统一村庄规划、统一投资项目、统一劳动用工、统一设施建设。通过设立片区联合党委、组建股份制集团公司，星光片区所辖各村"两委"干部在村集体企业"双向进入、交叉任职"。联合党委选派片区优秀党员担任薄弱村村支书，将星光村探索出来的"星光经验"在周边村推广开来。每年制定村级年度重点任务清单，村干部主动认领，每月依标践诺。各村之间打破信息壁垒，由片区联合党委统一组织村民进行技能培训，结合个人意愿和技术掌握情况，统一安排在片区工业园区实现就业。

在片区党委的领导下，星光片区 5 个村通过"整村搬迁—盘活土地—发展产业—农民持续增收"的途径实现了共同发展。星光片区党委整合各村土地资源，星光村为其他 4 个村的村民移址新建楼房，采取相互置换的方式，在原居民房腾出的土地上建工业园。目前，星光片区形成了工业园、农业园、商业园和星光社区组成的"三园一区"格局。星光片区已建成 10 余个工业园区，建设高标准工业厂房 63 万平方米，引进企业 185 家，形成了以汽车零部件、空调配件为主的产业体系。2020 年星光村实现工农商总产值 40 亿元，全年上缴税收过亿元，村集体收入过亿元。联村发展使星光二村红焰村、三村新安堡村一年内还清欠债，带动两个空壳村、欠债村集体经济年收入突破 500 万元；让星光四村丘林村、五村三红村年增加村集体收入 200 多万元。2020 年，星光片区实现工业产值 36 亿元，人均收入超过 4.6 万元。

目前，湖北省咸宁市在地级市范围内全面推广农村联合党委模式。2021年 5 月，咸宁市委组织部印发《农村联合党委试点工作方案》，提出"以地域相连、产业相近、资源共享为纽带，以共同发展、共同富裕为目的"，采取自上而下统筹、自下而上申请相结合的办法，在综合考虑产业、地域、资源等因素的基础上，组建农村联合党委。党委成员一般由联建村（企业、社区）党组织书记、成员和乡镇驻村干部等组成。为了多形式优化农村联合党委运行机制，咸宁市委组织部提出农村联合党委按照"三不变、三独立"，即行政区划不变、村民自治主体不变、集体资产产权不变与财务管理独立建账、独立核算、独立收支的原则，定期召开会议讨论各联建村（社区、企业）征地拆迁、产业发展、收益分配等重大事项，并逐步形成"联建村（社区、企业）党组织收集上报议题—联合党委会议审议决定—联建村（社区、企业）贯彻落实"的规范程序。目前，咸宁市 24 个乡镇组建农村联合党委 24 个，带动 81 个村（社区）、8 家本地企业抱团发展。比如，通城县关刀镇以经济实力较强的杨家村为核心，将周边相邻的道上村、高桥村、云水村联合起来，组建了强村带动型的云溪湖联合党委；大坪乡依托药姑新村集中安置点，整合内冲瑶族、岳姑等4 个村的资源"抱团"发展，成立了易地搬迁型的药姑新村联合党委。嘉鱼县潘家湾镇发挥蔬菜产业优势，按照产业相近或互补的原则，组建了产业互助型的蔬菜产业发展联合党委；官桥镇借助田野集团的市场和资源优势，推动其与官桥、朱砂、两湖等 5 个村融合发展，成立了村企联建型的乡村文旅产业发展联合党委。

（二）"联村发展"模式

湖北"联村发展"往往是在县级层面统筹开展的，其中，江陵县和远安县的工作成效较为突出。

江陵县组建了县、乡两级发展新型村级集体经济工作领导小组办公室，办公室将所有镇、村的项目资金、土地、人力等资源统筹起来，以乡镇辖区联系为主，以强带弱，互结"对子"成立联村产业园。早在 2017 年，江陵县就从县级层面整合了 17 个村的 680 万元资金，在马家寨乡杨渊村集中建设光伏发电站，每个村每年可获得 3 万元以上的分红。2021 年，江陵县明确由 13 个强村帮带 15 个弱村，打破村界限制，采取"多村联合 + 合作社"的跨村联合经营方式，建成吊瓜、豇豆、食用菌、莲藕等七大类联村产业基地。村集体有钱的出钱，有地的出地，大家每年按出资比例分红。目前"联村发展"模式已帮助江陵县弱村平均增收 5 万元，最高达 25 万元。

近年来，湖北远安县聚焦"党建带领、班子带优、产业带富、实力带强"目标，组织开展"结对帮带、同步振兴"行动，坚持"强带弱、富带穷、大带小"原则，统筹考虑 102 个村资源禀赋、班子队伍、产业基础、集体经济、乡风民俗、地缘关系六大方面因素，组织 7 个乡镇班子战斗力强、考核排名先进村与排名靠后、软弱涣散村结对，产业发展好、集体经济收入高的村与产业发展滞后村结对，辖区面积大、人口多的村与邻近周边面积小、人口少的村结对，推动全县 24 个强村"一对一"结对帮带 24 个弱村，实现村级资源精准匹配、强弱互补。全县采取"共性要求 + 个性承诺"相结合的方式，细化"支部共建、资源共享、增收共富"帮带协议内容，明确成立 1 个功能性党组织、每 2 个月召开 1 次结对帮带议事会、每季度开展 1 次联合支部主题党日、至少带动发展 1 项特色产业"四个一"承诺事项，同步制定不少于 3 项个性化自选帮带事项，实现"村有差异、点有特色"。远安县将产业发展、带富增收作为重中之重，充分发挥强村在产业基础、发展定位、项目建设、市场营销、引进市场主体等方面的先行优势，通过项目扶持、技术指导、信息服务、产品代销等方式，帮助弱村因地制宜发展特色产业，推动双方土地、劳动力、产业、政策等资源充分整合，共享发展红利。比如，强村瓦仓村充分发挥食用菌专业村发展优势，依托村内馨香食用菌专业合作社，帮带弱村花台村村民发展香菇、大球盖菇种植 50000 袋；铁炉湾村依托华屹生态生猪养殖家庭农场，为福河村 30 余户养殖户提供技术和销售指导，并发动村民就近到福河村粮油加工厂加工粮油，带动村民增收。

二　从三个层面协同推进强村带弱村

目前，湖北强村带弱村仍然处于探索阶段，仅咸宁市是从市州层面推进强村带弱村的，其他地区都是从县级层面推进的，起步时间也较晚。下一步，湖北推动强村带弱村需要进一步学习起步时间较早的浙江省的经验，加强系统谋划，加快推进速度。需要进一步加强组织领导，从省级层面、县乡层面、村级层面，在全省范围内协同推进，形成"N+N""1+N""1+1"等多种模式共同发力的格局。

（一）省级层面成立全省强村联盟，形成"N+N"带动模式

2019 年，湖北全省当年经营收益 100 万元以上的村有 667 个，这些村普遍具有党建引领强、农村经济兴、人居环境优、乡风文明淳、乡村治理安、农民生活好等特征。应由省级相关部门牵头，将这些"明星村"联合起来，成立"共同富裕百村联盟"，从省级层面整合 N 个强村资源，共同带动全省 N 个弱村发展。

可以利用强村人才资源，打造"共同富裕百村联盟培训教育基地"，在强村建设全省村党支部书记教育基地、农技推广中心、电商培训平台等，将强村党建经验、生产技术、管理营销案例向全省推广。利用强村资金资源，建立"共同富裕百村联盟基金"，用于支持弱村产业发展投资、公益性基础设施建设等。利用强村市场资源，打造"共同富裕百村联盟品牌"，将帮扶村的同类产品都纳入联盟品牌，统一标准、统一宣传、统一包装、统一销售。加速强村

优势资源要素更多地向县域外、市域外溢出，形成全省强村与弱村的资源互换互补、共建共享共治。

（二）县乡级层面鼓励邻村抱团发展，形成"1+N"带动模式

县乡级政府要在全域范围内进行统筹，鼓励以有较强带动能力的强村为核心，与周边相邻村庄成立党建联盟或村庄共同体，以"雁阵效应"带动周边N个村庄共同发展。强村在基层党组织建设、产业发展、乡村治理方面具有优势，在与周边弱村抱团中扮演着"领头雁"的角色，强村可以为弱村传经验、给思路、帮建设。

通过联建共富平台，组建联盟党委领导班子，共同制定发展规划，形成区域一体化布局；通过联兴共富产业，联盟村共同出资组建公司，聘请职业经理人，集中碎片化土地资源，统一开展农产品生产、乡村旅游、品牌宣传等业务，推进规模化发展；通过联享共富生活，统一建设交通、饮水等高投入、广覆盖的重大基础设施，以及共同富裕数智平台，共建共治提升民生幸福化水平。

（三）村级层面自发村村结对互助，形成"1+1"带动模式

鼓励强村按照"地域相邻、产业相近、优势互补、合作共赢"的原则，与弱村结成共建对子，按照"联思想带观念、联组织带提升、联技能带致富、联产业带发展"的工作要求，着力把强村发展经验"复制"到弱村，从而形成"一带一"的帮扶模式。

强村要运用党员干部队伍建设、经济发展中的好经验、好做法指导弱村。弱村要组织党员到强村观摩学习，共同上党课，学习先进经验；基于自身存在的短板弱项，以"菜单化"的方式，通过"点单"向强村提出帮带需求。

三　进一步完善强村带弱村的路径

为了进一步推动湖北村集体经济抱团发展，需要强村从基层组织建设、

产业项目发展、文明乡风建设、村民创业就业四个方面对弱村进行整体帮带，从而进一步提升弱村的党组织战斗力、村集体造血能力、群众自治能力和村民增收致富能力。

（一）带基层堡垒，提升党组织战斗力

推行村际"党建协同体"建设，通过强村与弱村的组织联建、党员联培、活动联办，提升弱村党建水平和支部战斗力。

1.组织联建

推动各个层级的村级联盟建设党总支或党委，由强村党支部书记担任党总支书记，或者上级组织指派党委书记，重大事项和项目建设由党总支或党委负责人牵头，研究结对帮带具体内容事项，由村党支部和村委会负责实施。

2.党员联培

推行干部互派互挂，跨村任职。选派一批思想政治素质好、群众基础好、协调能力强、"双带"能力强的党支部书记，担任集体经济薄弱、班子软弱涣散、宗族宗派矛盾突出村的党支部书记。将有发展潜力、综合素质较好的支部委员选派到强村挂职锻炼。推行"师徒联盟"，由强村党支部书记结对帮带弱村党支部书记，签订"师徒联盟"协议书，明确日常帮带责任。

3.活动联办

举办党建工作交流会、村际圆桌会议、组织生活观摩会、先锋故事会、村级重大决策咨询会等，分析解决弱村党建工作中的难点问题，确保党建工作同步推进。

（二）带产业项目，提升村集体造血能力

通过建立产业发展平台、培育支柱产业、推动项目建设，强化产业项目支撑作用，实现强村与弱村产业共兴，带动弱村增强内生发展动力。

1. 建立产业发展平台

建立联盟村集体经济发展的市场主体，如股份合作社或者公司，吸收各村资金、资源入股，以市场化运作、公司化管理，提高联盟村集体经济发展的整体效益。

2. 培育支柱产业

具有产业发展优势的强村可以通过资源共享、技术指导、信息服务、市场销售等方式，以集群化、规模化的发展方式，统一标识、统一质量、统一销售，带动周边村发展同类产业，形成共建共享的产业格局。

3. 推动项目建设

发挥强村在项目包装、申报、建设等方面的优势，帮助弱村选准选好项目。定期召开项目建设经验交流会，共同推进弱村重点项目建设。

（三）带乡风文明，提升群众自治能力

通过共育先进文化、共建美好村容、共商村庄治理，进一步提升弱村"气质"，形成民风淳朴、邻里和谐的文明乡风，激发村民参与共治、共建的活力，提升乡村治理能力。

1. 共育先进文化

由强村帮助弱村挖掘本村特色文化，开展形式多样的文体活动，丰富群众的精神生活。帮助弱村培育文艺队伍，通过送图书、送节目、送器材等方式，开展文化交流。

2. 共建美好村容

坚持党建民生"同频共振"，在村庄建设、基础配套、环境整治等方面进行结对帮扶，联合完成道路硬化、文化墙美化，进一步提升村容村貌，实现从"一处美"到"一片美"。

3. 共商村庄治理

通过共商干部队伍管理、工作规范运行、村庄治理等，帮助弱村完善议事决策程序，推行"五议两公开"，规范村级工作，增强村民自治能力。

（四）带创业就业，提升村民增收致富能力

通过发挥强村的人才优势、信息优势，开展人员培训、劳务输出，帮助弱村村民创业就业，提升村民增收致富能力。

1. 带创业

发挥强村党员"双带"作用，通过开展科技推广、资金扶助、信息帮扶、技术帮扶等方式，为弱村培育一批党员创业骨干和带头致富能手。开展强村党员、富裕户结对帮扶低收入户活动，帮助低收入农户创业就业。

2. 帮就业

组建跨村劳动服务公司，发挥强村在市场信息、就业门路等方面的优势，帮助弱村转移富余劳动力，增加村民劳务收入。

四 进一步健全强村带弱村的工作机制

为保证湖北强村带弱村工作的常态化推进，需要完善党建引领、组织动员、工作推进、奖励晋升、宣传推广等五个方面的机制，从制度上保障工作顺利开展。

（一）完善党建引领机制，保障"统领各方"

要充分发挥基层党组织的战斗堡垒作用，以党建为抓手，发挥传帮带作用。要强化责任落实，各级党委要履行好主体责任，当好结亲帮带的"媒人"。推广"党支部＋公司＋基地＋农户""党支部＋合作社＋农户"等模式，以党支部领办合作社，或者在公司设立党支部，组织集体和村民以土地、院落、山林等资源入股，企业以资金、技术和管理入股，建立健全保底收益、按股分红的利益联结机制，定期按股分红，保障共同富裕目标的实现。

（二）创新组织动员机制，保障"一呼百应"

在全省实行村集体经济发展"竞赛比武大排名"制度，以县为单位，对全县所有行政村进行打分排名，鼓励引导广大农村党员干部在比中学、在赛中干，营造出担当作为、干事创业、奋勇争先的良好氛围。对前 30 名进行表彰，并与后 30 名村开展结对帮扶，交流好想法，复制好路子，充分发挥先进村的引领作用，在全省形成强村带弱村"一呼百应"的良好局面。

（三）建立工作推进机制，保障"落实落细"

各级政府要制定"强村带弱村"五年行动计划，"十四五"期间按照启动年 1 年、提升年 2 年、深化年 2 年的工作安排进行部署。建立工作推进机制，全省每年召开一次"强村带弱村"活动推进会，县级政府每半年召开一次"强村带弱村"活动推进会，乡镇政府每季度召开一次"强村带弱村"活动推进会，积极推动结亲帮带村梳理帮扶事项，确保帮带工作真正落实落细见成效。

（四）推行奖励晋升机制，保障"工作干劲"

各级政府应安排专项资金，用于奖励开展"强村带弱村"活动成效明显的村。对于在"强村带弱村"活动中表现优秀的村党支部书记，可选拔进乡镇党政领导班子，畅通晋升通道。

（五）制定宣传推广机制，保障"全民知晓"

加大"强村带弱村"活动宣传力度，宣传部门要组织新闻媒体积极报道全省"强村带弱村"的方案计划、工作机制、先进典型，让更多人了解该项活动的重要意义及取得的成效，将湖北"强村带弱村"活动打造为乡村振兴的重要品牌。

参考文献

吴君：《村联村共建 手拉手致富》，《人民日报》2021 年 12 月 30 日。

许殊镌：《"跨村联建"促振兴》，《农民日报》2021 年 9 月 4 日。

薛志伟：《跨乡联建帮村集体增收》，《农村·农业·农民（B 版）》2018 年第 12 期。

《闻名星光村 幸福星光人——武汉市蔡甸区奓山街星光村发展纪实》，《学习月刊》2013 年第 12 期。

农村人居环境整治与共同富裕的
互动路径及展望*
——基于东部发达地区的探索

高　珊**

摘　要： 农村人居环境整治是实现共同富裕目标的重要内容。本文以东部发达地区江苏省为研究案例，系统阐述高质量发展阶段如何从提升生态福利价值角度，促进农村人居环境整治与地区绿色发展、共同富裕的协调互动，并从省级务实动员、苏南自主率先及苏北接续振兴等方面总结不同区域的互动发展范式。面对乡村集中居住与集聚转移等新的变化以及环保压力加大、地区差距及城乡差距依然存在等现实问题，为促进"十四五"时期"绿色共富"的可持续发展，应当筑牢生态经济基础以生态富民、补齐人居环境短板以统筹城乡，明确资金投向并完善绿色分配体系，鼓励多元共治以激发内生动力。

关键词： 绿色共富　农村人居环境整治　江苏省

---

   *   基金项目：2022 年国家社科基金一般项目"'双碳'目标下农户参与农田土壤碳汇的行为动因及激励政策研究"（22BGL306）。

  **   高珊，江苏省社会科学院农村发展研究所副所长、研究员，主要研究方向为农村经济与资源利用。

习近平总书记在党的二十大报告中指出，中国式现代化就是要推动绿色发展，推进城乡人居环境整治，促进全体人民共同富裕。生态文明和共同富裕是建设人与自然和谐共生的现代化强国的重要内容，共同富裕目标包含着深刻的生态文明意蕴。共同富裕既体现在物质和精神的满足上，同时也要求经济和生态的协调、可持续发展。农村人居环境仍然是当前阶段全社会发展不平衡不充分的突出短板，也是生态文明建设的任务之一。以江苏省为研究案例，探讨农村人居环境整治提升过程中促进共同富裕的经验和挑战，有助于完善国家农村生态治理体系，为东部地区实现富民强村与乡村生态振兴的有机结合先行探路。

一　农村人居环境整治与共同富裕的互动关系

实现共同富裕是我党的使命初心，具有鲜明的时代特征和中国特色。它成为全面建成小康社会之后的第二个百年奋斗历程中的主要目标。农村人居环境整治工作在"十三五"三年行动基础上，继续实施"十四五"五年行动方案，首尾相接，不仅回应了城乡融合发展过程中基础设施和公共服务均等化的关切，又切实提升了农民生产生活中的幸福感和获得感，同时也能够巩固脱贫攻坚成果、推动乡村全面振兴。

（一）共同富裕的生态意蕴

我国的共同富裕是涵盖经济、社会、文化、政治、生态"五位一体"的全面富裕。习近平总书记提出的"绿水青山就是金山银山"，正是对生态生产力的科学论断。农村人居环境整治是实现绿色共富的必由之路。

从生态福利角度来看，环境经济学指出，由自然资源和生态系统形成的生态产品为人类生存和发展提供根本保障。这种生态产品有用且稀缺，兼具经济价值和生态价值。[①]福利经济学指出，广义的非经济福利包括生态良好、社

---

① 胡晓燕：《生态环境保护促进共同富裕的理论阐释和实践路径》，《企业经济》2021年第12期。

会安全、文化繁荣等。随着人民群众对美好生活需求的增加，生态产品的效用不断提升。为保护环境，征收生态环境税费并进行生态补偿，能够促进财富转移，在不同群体之间实现收入再分配以及第三次分配。农村人居环境整治工作也采用了这样的方式，用财政补贴引导农户开展环境整治工程。

从高质量发展角度来看，绿色发展引领经济高质量发展是共同富裕的基础。事实证明，传统高投入、高消耗、高污染的生产方式难以为继。人与自然的协调发展、当代人与后代人之间的代际发展、生态系统与经济系统的协调发展，才是高质量发展，才能体现福利最大化的共同富裕。[①]生态产品主要分布在农村地区，为此应通过建立绿色化行政管理和市场交易制度，促进生态环境资源转化为经济社会资源，使生态产品价值得到体现，解决资源配置不平衡、乡村发展不充分的难题，推动城乡之间、三次产业之间的财富转移。

从产权交易角度来看，自然资源和生态系统既有公共产品属性，还有环境产品属性。因此，既具有非竞争性和非排他性，可人人共享，也具有正负外部效应，即好的生态环境，意味着生态福祉提高，坏的生态环境，则人人遭殃，引发"公地悲剧"。我国正努力营造负外部效应向正外部效应转换的制度环境。减少负外部效应的前提就是明晰生态产权。随着生态资源产权界定成本降低而稀缺性增加，生态资源产权交易将成为现实。农村人居环境资源的产权大多属于集体所有，逐步分离使用权，让农民参与其中并获得收益，有利于农民财富的增加。

（二）农村人居环境整治推动实现共同富裕

农村人居环境整治是提高农村人居环境质量的主要方式。以农民"急难愁盼"问题为导向，着力改善住房和设施条件差、公共服务不足、环境脏乱等落后面貌。美好的农村人居环境能够从内外两个方面促进共同富裕。

---

① 沈满洪：《生态文明视角下的共同富裕观》，《治理研究》2021 年第 5 期。

加速资源资产升值，增加农户收入。农村住房改善及公共空间治理，本身就能通过品质升级大幅提升房屋和土地的价值。宅基地整理、公共用地腾退等能够形成很多新的村级集体资源和资产。在自然资源和资产逐步确权、明晰的过程中，农民所拥有的生态产品价值不断显化，财产净收入和转移净收入同步提升，逐步引导低收入群体收入增加。随着城镇化、工业化的快速发展，农村地区的山水田林湖等生态产品的稀缺性及不可移动性进一步彰显，人居环境良好地区的农民所拥有的生态产品价值提升。

改善生产生活条件，吸引人才、资本回流。与城市同样便捷的水、电、路、网等基础设施一旦建成，广大农村地区的优美生态环境将更具魅力，能够吸引各类人才带着资金、技术、项目下乡和返乡创业，不断扩大农村地区中等收入群体，与此同时，带动农村产业优化升级，催生独具特色的乡村旅游休闲观光业、智慧农业、数字农业、高附加值农业等各种新型业态，当地农民依托于这些业态的经营净收入和工资性收入将大大提高，此外，还能降低因生态环境污染而造成的疾病等医疗卫生支出成本。

增强技术、资金支持，把握绿色发展契机。农业农村的生产生活废弃物成为生物质能源等新型能源的最佳替代品。光伏能源、秸秆碳化、沼气发电等是环境整治的着力点。不少企业针对农村环境整治开发了一系列适应性技术，在生态碳汇、循环种养业以及垃圾污水治理等领域取得技术突破，财政资金及各种社会资本能够促进当地生态经济发展，为农民带来更多的生态环境补偿、卫生设施补贴等收入，引导绿色健康的生产生活方式形成。

二 农村人居环境整治与共同富裕互动的江苏实践

江苏省是我国东部发达地区的经济强省和农业大省，区域内部南北差异明显。在城乡一体化及共同富裕的道路上，江苏省立足实际，自加压力，持续探索农村住房改善、富民强村与环境整治，形成了各具特色的实践方案。

（一）务实有力的省级动员

江苏省的农村人居环境整治行动注重与农村经济社会的共同进步，从省级层面率先出台各种保障制度，鼓励地方政府勇于创新实践。在"强政府"的动员与支持下，农村人居整治工作走在全国前列。2020年该项工作的全国推进现场会在徐州召开，中央对江苏"抓机制、抓创新、抓时效"的做法给予了充分肯定。

设施水平保持领先。就重点任务来看，农村生活垃圾处理体系基本实现自然村庄全覆盖。构建起"组保洁、村收集、镇转运、县处理"的城乡统筹的生活垃圾收运治理体系，垃圾分类和资源化利用工作正在推进中。"十三五"期末农村生活污水处理设施在行政村覆盖率达74.6%，苏南地区全覆盖，苏北地区覆盖率为64%。大力推广三格式无害化卫生户厕，苏北地区户厕无害化改造普及率超过95%。在农房改造的同时，使农村改厕和生活污水治理工作相衔接。

财政资金提供保障。全省各级财政部门聚焦农村人居环境整治重点任务，保障各项工作的落实到位。到"十三五"期末，江苏省发放中央与省级补助资金24.9亿元，累计改造农村危房22.9万户，全部解决贫困人口住房安全问题。"十三五"期间，省财政安排超过20亿元支持农村生活污水治理试点示范县建设，提升乡镇污水管网设施运行效能。省财政厅推进涉农资金管理改革，统筹安排各类用于农村人居环境整治的专项资金，集中财力统一分配。

村容村貌与农民收入同步提升。村庄清洁行动实现全覆盖，累计建成美丽宜居村庄0.9万个、绿美村庄近1万个，占据全省村庄的半壁江山。建成省级特色田园乡村446个，实现所有涉农县（市、区）全覆盖。这些乡村生态环境优美、宜居宜业宜游，农房和村庄建设的现代化水平明显提高。据统计，2021年全省乡村休闲旅游业收入超过900亿元。全省还实施了近1700个与苏北农房配套的产业项目，对带动农民就业增收发挥了积极作用。

（二）自主先行的苏南模式

苏南农村人居环境整治工作起步较早。由于较早地遇到了乡镇企业搬迁入园、农村居民集中居住等带来的生态环境问题，加上农村集体经济实力较为雄厚，苏南地区主动采取社区自主整治方式，加速乡村生态宜居建设进程。

以美丽经济推动新兴产业发展。苏南地区的美丽乡村已经连片成带，基础设施、人文治理等软硬件水平较高，与各地特色农业产业紧密结合，凭借道路通达、环境优美、绿色产品，让人居环境整治与乡村旅游、生态农业、农民增收形成良性循环，实现生产、生活、生态"三生"融合。以宜兴市为例，2021年有4个国家级乡村特色产业亿元村、5个国家级美丽休闲乡村，全市休闲农业产值达到14.9亿元。[①]

以正向激励支持地方积极作为。苏南地区基层政府财政实力较为雄厚，省市项目配套资金及时到位，有力保障相关工作的执行落地，并且提高标准，先行先试，对考核排名靠前的村庄给予奖励。以常熟市为例，"三年行动"期间市镇村三级累计投入近10亿元，用于村内保洁、绿化养护及环保劳务工资支出。[②] 以宜兴市为例，针对村庄全年长效管护情况进行差异化考核，对示范村、优秀村及合格村分别给予20万、15万和10万元的奖励，共计投入2600万元。

以产权市场增加农户收入。苏南地区因土地开发强度高，较早地进行了农村集体经营性建设用地入市和宅基地"三权分置"等探索。当地农村集体的建设用地及农户的居住用地用途发生转移后，集体土地同权入市有利于增加集体和农户收入。另外，苏南地区因生态环境压力大，较早地进行了轮作休耕、湿地与耕地保护等方面农业生态补偿的市场化探索。特别是针对太湖流域农业面源污染的治理实践，在恢复良好的村庄水环境的同时不降低农民收入水平。

---

① 潘峰：《纵深推进农村人居环境整治提升》，《江苏农村经济》2022年第2期。
② 乔小力：《解码农村人居环境常态长效"方程式"——常熟市探索乡村治理和农村人居环境联动联促机制》，《江苏农村经济》2022年第2期。

（三）接续振兴的苏北模式

苏北农村人居环境整治工作与脱贫攻坚、后发赶超等战略叠加在一起，由各级政府及相关部门给予资金、政策支持，优先保障贫困地区的民生改善，从生态扶贫接续过渡到全区域生态振兴。

以农房改善带动空间治理。苏北地区分类引导村民住房改善，包括进城入镇、搬迁新建及就地改造等多种形式，优先资助特困、失能老人建设房屋，解决困难人群的居住之忧。对房前屋后、渠路两旁等公共空间的违建进行拆除整理，清理回收后增加了集体资源资产、化解了权属不清的邻里纠纷。整治腾退出的土地用于村庄开展高效农业等产业，不仅能够提供新的就业岗位，收益后再以分红的形式分配给低收入农户，实现村集体和农户"双脱贫"。

以公益岗位开展常态保洁。苏北经济薄弱村中的小组保洁员、河道管护人员等环境保护公益性岗位的就业人员都来自外出就业困难又有劳动能力的低收入农户，按照每人年均 6000 元左右的工资水平，增加其工资性收入。让扶贫对象逐步摆脱"等靠要"的懒汉心理，实现自身劳动价值。通过"以工代赈"的就业形式，既保持了村容村貌的整洁，又能帮助扶贫对象顺利脱贫，还能让他们安心在家照顾病人、孩子等，妥善处理家庭事务，可谓一举多得。

以足额补贴引导设施到位。在"十三五"期间苏北地区的"厕所革命"进展较快。针对改造要求，各地政府技术部门提供多种室内设计方案，可自主选择蹲坑、坐便器等设施，并将接水管网材质、化粪池与污水处理设备的连接等各环节都考虑在内，此外，还将卫生健康知识编成"顺口溜"上墙、宣传到位。按照农户自愿原则，根据其选择类型，对购买设备进行相应的 5000~10000 元的补贴，切实尊重农户习惯，减轻农户经济负担。

三　新时期农村人居环境整治与共同富裕的机遇和挑战

当前，日趋集中化的村庄格局、规模化的经营方式以及非农化的就业类型，赋予了农村人居环境整治新的背景。特别是江苏这样的东部发达地区，在率先走向富裕的过程中也面临着生态环境方面的挑战，主要表现为以下几个方面。

一是资源环境约束长期趋紧，环保投入仍显不足。江苏省土地资源开发程度较高，趋近国际宜居临界标准，生态缓冲空间被挤压。农村地区同样面临减污降碳协同发展的"双碳"目标。各种农业农村废弃物的能源化、资源化利用将成为新的方向。农村是包括太阳能、风能、沼气等在内的新型能源利用的绝佳地区，也是规模种养业结合的绿色循环示范区。要在资源集约、新能源开发以及湿地耕地保护等生态环境建设上取得新进展，需要投入更多的环保资金，这些新的投资导向加上原有项目的长效管护，还有材料成本、人员工资等的提高，环保资金投入只能增加不能减少，以便在巩固前期成果的基础上持续改善生态环境。

二是先富与后富地区发展不平衡，生态增收力度不够。近年来，苏北地区整体发展态势良好，但是对比苏南地区在速度和质量上仍然存在差异。就2021年农村居民生活指标看，苏南地区农村居民人均可支配收入和生活消费支出均是苏北地区的1.6倍左右，恩格尔系数比苏北地区低3.3个点，人均住房面积比苏北地区高11平方米。苏北地区的农业和生态地位无可比拟，但是生态资源、生态产品的价值体现和增收效应还远远不够。一方面生态产业发展路径比较单一，主要集中为旅游业、特色种养业和林果产业等；另一方面生态产品价值实现体系仍未建立，很多生态优势难以衡量，自然资源的产权界定仍未明晰。

三是农村人居环境短板突出，城乡融合水平不高。与城市相比，农村环境设施和环境治理的软硬件水平仍然差距较大。以农村生活污水处理为例，即便在江苏省，农户层面的生活污水处理覆盖率也仅为37%左右。存在建设资金需求大、筹措渠道难、长效管护机制不健全等问题。不少地方的农村生活污水处理设施损坏率较高，正常运行时间不足，单凭政府相关部门实施管护措施难以兼顾。改厕之后的粪污接管污水处理设备也还没有到位。再以垃圾分类来看，目前主要做到了集中收运处理，农户的垃圾分类意识普遍缺乏，填埋或者焚烧是主要的处理方式，循环综合利用的实际比例不高。

四　东部地区农村人居环境整治与共同富裕的未来展望

全面小康社会建成和脱贫攻坚战取得胜利，广大农民的需求不再停留于温饱问题和生态安全层面，而是对生态环境的优良品质以及生态治理有了更多期盼。本质上，农村人居环境整治与共同富裕具有内在一致性，都是通过保护生态环境，促进农村农业可持续发展，让农户与全社会其他成员一道共享富裕、绿色、繁荣的幸福生活。农村人居环境整治是实现共同富裕的有效路径，共同富裕则是农村人居环境整治的奋斗目标，二者的良性互动，有利于农业农村现代化以及乡村全面振兴的顺利实现。

以江苏省为代表的东部地区肩负着为全国先行探路的光荣使命，自身发展阶段和生态压力与中西部地区也有很大的不同，江苏省立足于共性和率先的维度，"十四五"时期农村人居环境整治的工作理念为：进一步缩小城乡差异和地区差异，缓解资源环境制约，加强富民强村与生态振兴互动，走出一条"绿色可持续"与"共享共富"并行的高质量人居环境建设道路。为此，提出筑牢生态经济基础以生态富民、补齐人居环境短板以统筹城乡，明确资金投向并完善绿色分配体系，鼓励多元共治以激发内生动力等对策建议。

（一）大力发展生态经济，拓展生态富民路径

促进产业竞争力与环境竞争力共同提升。夯实生态产业基础，充分发挥农村人居环境整治带来的综合效应。借鉴发达国家经验，使生态产业深入融合于三次产业的各个领域。在优化提升的过程中，使信息化、智能化等赋能道路、水电、住房、环保等新基建、新设施，基于产品更新换代形成新的经济增长点，同时基于这些环境设施、硬件的再升级引发乡村面貌的深度改变，让生态、宜居、美丽、便捷、现代化等成为新时期乡村的代名词。

建立生态经济与农民、村集体紧密联结的利益关系。生态环境要素的稀缺性和固定性，要求全社会尽快把生态要素纳入财富分配体系。充分考虑提供生态要素的农村集体和农民利益。依托生态资源优势，合理增加集体收入及农民收入。一方面生态产业的兴起有助于提供更多的非农就业岗位及家庭经营渠道；另一方面农村生态资源的所有权一般归村集体，其使用权的出让能够让集体从中获得集体配额，同时也要保证农民的收益。

（二）补齐人居环境短板，提升设施建管质量

加强农村环保实用技术创新。针对不同类型的村庄自然地理条件及生产生活模式，开发应用匹配的污水、垃圾处理技术和有机废弃物的资源化、能源化利用技术。以住房改善统筹推广绿色建筑材料和可再生能源使用。改厕粪污与生活污水一体化处理，利用农村废弃地、湿地等生态用地广阔的特点，灵活运用生态技术，使污水就地达标排放并能够达到农田回用标准。[①]耕地林地碳汇、秸秆能源化利用、规模种养殖的循环农业技术都是未来发展的方向。

构建农村人居环境长效管护机制。不盲目追求"高标准""全覆盖"指标，特别是对于非保留村庄的散居农户，逐步引导设施相对集中使用，注重长效管护效果。基于农村人居环境整治中需要长效管护的工作设置公益岗位，适当提高工资标准。充分发挥市场的作用，积极引入政府购买服务等第三方管理模式。构建城乡统一的管护平台，探索规模化、专业化、社会化的运营机制，在城郊结合部及欠发达地区建立起城乡均等化的公共服务标准。[②]

（三）明确资金重点投向，完善绿色分配体系

加大资金重点投向力度。一方面，明确地区投向。除确保经济薄弱村不

---

① 卞素萍：《美丽乡村建设背景下农村人居环境整治现状及创新研究——基于江浙地区的美丽乡村建设实践》，《南京工业大学学报》（社会科学版）2020年第6期。

② 王宾、于法稳：《"十四五"时期推进农村人居环境整治提升的战略任务》，《改革》2021年第3期。

再返贫外，注重非贫困村的无差别对待。脱贫攻坚阶段"三农"资金对贫困地区的巨大支持史无前例，江苏省很多贫困村的基础设施条件已优于非贫困村。调整原有帮扶的固有标准，根据实际情况评估重点投向片区。另一方面，明确项目投向。江苏省农村人居环境设施建设从数量扩张阶段进入质量提升阶段。加快制定重点项目投资名录，在财政资金引导下，鼓励民营企业等社会资本进入亟须提升的绿色建筑、绿色能源、适用技术等领域。

建立绿色共富机制。全国各地正在探索生态产品价值实现机制的实施方案，以促进生态环境保护者受益、使用者付费、破坏者赔偿的利益分配机制形成，这也是秉持生态导向的财富再分配机制。生态产品是城乡之间、市民与农民之间的连接体。建立生态产品市场供销通道，打造品牌并防范风险，让农民和集体通过出售和保护生态产品增加收益，市民和企业通过付费和消费生态产品而增加效用，从而促进实现社会财富的城乡转移和产业转移。

（四）鼓励多元主体共治，激发农民内生动力

积极构建政府引领、企业推动、个体参与的农村人居环境治理体系。地方政府作为中央和基层之间上传下达的中介，应广泛听取基层工作人员和农民、企业的真实需求，因地制宜，精准施策，在深刻领会中央精神的前提下，制定符合地区实际的实施方案及具体细则。集中"三农"可用财力，加大对公益性、基础性环境设施建设的投入，包括高标准农田、农村道路、农村河道等项目。[①]

企业是市场主体和社会资本主体。结合不同区域的农村生态优势，建立生态产业发展基金，通过税收减免、财政补贴、手续简化等方式，积极引导各类企业研发农村生态环保技术，投身农村生态环境设施建设和长效管护事业。加强农村工业企业的污染减排监管，严格执行达标排放和排放总量控制制度。禁止在农村地区建设高耗能、高耗水、高污染项目，防止城市污染

---

① 胡钰、付饶、金书秦：《脱贫攻坚与乡村振兴有机衔接中的生态环境关切》，《改革》2019年第10期。

转移。

突出农民主体地位，让改善和保护村庄面貌成为农民自觉的行动追求。鼓励农民和村集体共同参与制定村庄整治和乡村建设方案，确保其财产权利和民主决策权力。在有条件的地方先行推广示范县乡财政补助、村集体补贴、农户适量付费相结合的经费保障制度，增强农民群众对于村庄环境卫生的主人翁意识和生态环境保护意识。

参考文献

胡晓燕：《生态环境保护促进共同富裕的理论阐释和实践路径》，《企业经济》2021年第12期。

沈满洪：《生态文明视角下的共同富裕观》，《治理研究》2021年第5期。

潘峰：《纵深推进农村人居环境整治提升》，《江苏农村经济》2022年第2期。

乔小力：《解码农村人居环境常态长效"方程式"——常熟市探索乡村治理和农村人居环境联动联促机制》，《江苏农村经济》2022年第2期。

卞素萍：《美丽乡村建设背景下农村人居环境整治现状及创新研究——基于江浙地区的美丽乡村建设实践》，《南京工业大学学报》（社会科学版）2020年第6期。

王宾、于法稳：《"十四五"时期推进农村人居环境整治提升的战略任务》，《改革》2021年第3期。

胡钰、付饶、金书秦：《脱贫攻坚与乡村振兴有机衔接中的生态环境关切》，《改革》2019年第10期。

农村集体经济

新型农村集体经济发展现状、存在的问题及对策建议

崔红志 *

摘　要：近年来，各地积极探索新型农村集体经济的实现形式，形成了多样化的发展路径，集体经营收入快速增长，但与此同时，农村集体经济依然存在发展不平衡不充分现象，新型农村集体经济的发展模式、运行机制和收入分配制度有待完善。建议实行以党建为引领的联村抱团发展新模式，加快《农村集体经济组织法》的立法进程，积极推进"政经分开"，建立能够吸引优秀经营管理人才的薪酬激励机制和考核约束机制，以防止内部少数人控制和外部资本侵占集体资产两个方面为重点健全农村集体经济收益分配制度。

关键词：新型农村集体经济　产权制度改革　收益分配制度

---

* 崔红志，中国社会科学院农村发展研究所农村组织与制度研究室主任、研究员，主要研究方向为农村组织与制度、农村社会保障。

新型农村集体经济是在农村产权制度改革的基础上，由农村集体经济组织成员通过合作与联合等形式开展生产经营活动并共享经营收益的经济形态，是社会主义公有制经济在农村的重要体现。目前，我国各地探索出了多样化的新型农村集体经济发展路径，集体经营收入快速增长，但新型农村集体经济的发展模式、运行机制和收入分配制度有待完善。建议实行以党建为引领的联村抱团发展新模式，加快《农村集体经济组织法》的立法进程，形成与新型农村集体经济发展相匹配的政策体系和法律保障。

一　当前新型农村集体经济发展的总体状况

（一）呈现快速发展态势

从总体上看，我国新型农村集体经济呈现快速发展态势。2015 年底，全国经营收益在 5 万元以下的行政村占行政村总数的比例高达 77.1%，其中，没有任何经营收益以及欠债的行政村占行政村总数的 55.3%。2020 年，经营收益在 5 万元以下的行政村所占比例降低到 45.6%，其中，当年无任何经营收益的行政村所占比例降至 22.5%。

从全国范围看，西部欠发达地区的新型农村集体经济也呈现稳定、快速发展态势。例如，贵州省六盘水市共有 1017 个行政村，2013 年全市集体经济5 万元以下的"空壳村"占比高达 53.8%。2021 年，该市村级集体收入 1.46亿元，其中 655 个村集体经营收入超过 10 万元。

从新型农村集体经济经营收入的来源看，土地租赁、厂房租赁、征地补偿等仍然是农村集体经营收入的主要来源，但直接投资收益、分红收益等经营收入所占总收入的比例持续提高，农村新型集体经济的持续性盈利能力越来越强。

（二）形成了多样化的发展路径

发展壮大新型农业集体经济的关键是找到适宜的发展方式。经实地调研发现，各地积极探索新型农村集体经济的实现形式，形成了多样化的发展路径。

一是发展乡村特色产业和为农服务业。通常的做法是，新型农村集体经济组织领办创办各类合作社或成立公司，发展特色产业、休闲观光、农创文旅、农耕体验、康养基地等农村新产业、新业态，获取经营收入。较多的新型集体经济组织依托村社组织资源和治理资源，以土地流转、土地托管、土地入股等方式，向小农户提供产前、产中和产后农业生产性服务或承接政府公益类服务项目，以此实现集体创收或增收。

二是推进农村资源变资产、资金变股金、农民变股东"三变改革"。把农村集体所有的各种经营性资产和公益性资产以及财政投入到村的发展类资金用于支持企业、合作社或其他经济组织发展，形成村集体和农户持有股金，村集体和农民按股比分享收益模式。这种发展模式的优势是能够比较充分地利用新型农业经营主体等社会资源的力量，也在一定程度上解决了村集体直接开发经营所面临的资金、人才、市场等方面的困难。

三是发展新型"物业经济"。在集体经营性资产确权到户和股份合作制改革的基础上，组建社区股份合作社或者股份经济合作社，以自主开发、合资、合作等方式发展租赁物业。这是当前发达地区发展新型农村集体经济的主要模式，收益稳定、风险相对较低。

（三）发展不充分不平衡现象突出

当前大多数地区的农村集体经济发展基础仍然薄弱，更多的是依赖政府奖补等财政支持和国家转移支付。据农业农村部统计，2020 年，农村集体经营收益只占本年收益的 44.0%，占当年可分配收益的 26.9%。同时，新型农村集体经济发展状况存在很强的不平衡性。2020 年，我国村集体经营收益超过100 万元的村大约占村总数的 4%，但这些村的经营收益占村集体经营收益总额的四成以上。即使东部经济发展状况较好的地区，县域内部不同村的经营收益也有很大差异。以广州市番禺区为例，2020 年该区 63.3% 的村集体经济收入低于平均水平，集体经济收入最高的村是收入最低村的 2319 倍。

二 影响新型农村集体经济发展的两个问题

（一）新型农村集体经济的运行机制有待完善

其一，新型农村集体经济组织的登记赋码制度仍不完善。我国《民法典》将农村集体经济组织归为特别法人类别。2022 年 3 月 1 日起施行的《市场主体登记管理条例》未将农村集体经济组织作为与公司、非公司企业法人、农民专业合作社等市场主体相等同的组织。农村集体经济组织大多根据中央相关文件，在县级农业农村部门进行登记。由于农业农村部门登记赋码与国家企业信息信用公示系统尚未对接，集体经济组织在工商注册、银行开户、申领税务发票等方面受限，而这为其开展经营活动带来不便，在一定程度上影响了其作为独立的市场经营主体参与市场竞争的能力。

其二，新型农村集体经济组织薪酬管理制度缺乏活力。新型集体经济组织的法定代表人或其他职务大多由村两委干部兼任，其工资待遇往往由乡镇政府根据年终考评确定，并不完全与集体经济组织的经营状况挂钩，这在一定程度上影响了其发展壮大新型农村集体经济的积极性。

其三，基层政府对新型农村集体经济组织的监管方式缺乏灵活性。例如，一些地方规定，村集体经济组织的公章由乡镇的农经管理部门负责保管；有的地方要求凡是 5 万元以上的支出都必须经过冗长的审批程序；一些地方要求村集体经济组织参照党政机关的接待管理办法进行管理。虽然加强对农村集体经济组织经营活动的监管是必要的，但监管内容、监管方式和监管手段应有利于农村集体经济组织独立自主开展经营活动，否则，就会降低农村集体经济组织的活力。

（二）新型农村集体经济的收益分配制度亟待完善

完善的收益分配制度是新型农村集体经济高质量发展的保障，当前存在的主要问题如下。

一是集体收益分配和提留之间的关系不明确。由于新型集体经济收益少、公共财政覆盖农村程度低等，多数新型农村集体经济的收益全部用于村庄公共开支，不直接分配给成员，农民群众的获得感不强。

二是没有按照产权制度改革中规定的收益分配原则执行。一些地方并没有按照集体成员（或户）所持有的股份或份额来进行收益分配，而是继续沿用在股份合作制改革之前的以福利分配为主要形式的分配办法。

三是不同程度存在村干部控制和外部资本侵占现象。多数地方的村支书、村主任和集体经济组织董事长"三职一肩挑"，这有利于减少工作掣肘，但无法从根本上保证集体经济组织经营、管理、决策及分配的合理性与有效性。有的地区农民反映，集体经济收益的分配主要由村干部说了算，村集体经济成为"村书记经济"。同时，在集体经济与社会资本合作、融合性经济形态中，各地对于村集体和农民入股的各类资源的价值评估方式不合理，变相压低村集体和农民入股资源的价值，集体经济组织的收益得不到有效保障，影响农村集体经济发展的可持续性。

三 发展壮大农村集体经济的建议

（一）推进以党建为引领的联村抱团发展新模式

受资源、资金、人才、经营能力等多重制约，一些村缺乏发展集体经济的基础条件。应在不改变行政村区划和自治主体、尊重农民意愿等前提下，突破村域、镇域限制，完善"飞地"抱团机制，实现强村带弱村、弱村抱团发展、共同富裕。目前，联村抱团的集体经济发展模式大都由县级组织部门主导推进，已有广泛的实践基础。建议把以党建为引领推进联村抱团发展的新型农村集体经济实践经验适时上升为国家层面的政策。

（二）完善农村集体经济的管理和运行方式

建议以农村集体产权制度改革成果为基础，加快《农村集体经济组织法》

的立法进程。积极推进"政经分开",推进农村集体经济组织和村民自治组织的机构、职责、财务、资产等分离,确保农村集体经济组织能够独立自主地开展生产经营活动。厘清政府支持和参与发展集体经济的边界,既不宜"不管不顾",也要避免"大包大揽"。建立能够吸引优秀经营管理人才的薪酬激励机制和考核约束机制。

(三)健全农村集体经济收益分配制度

防止内部少数人控制和外部资本侵占集体资产两个方面的问题。对于前者,应提高农村产权制度改革质量,落实农民作为集体经济组织成员的民主权利,让农村集体经济组织成为农民说了算的集体经济组织,由农民决定农村集体经济组织收益的使用方向和分配形式。从方向性原则看,不能把农村集体经济收益分干吃尽,而应强化其富民惠民功能,积极发挥其支持带动低收入农户增收和推动养老、救助等公共服务普惠的作用。在提取了公积金、公益金之后,应按农民所持有的股份进行分配,不能让农民的股权成为虚权。对于后者,应完善农村集体资产评估办法。构建科学合理的资产价值评估体系,形成相关利益方都能接受的评估方法。可以采取农村产权交易平台竞价、由专业的第三方评估机构评估等多种方式,确定村集体的资源和资产的价值。

衔接过渡期江苏扶贫资产管理的现实困境与应对策略

周春芳[*]

摘　要：规模庞大的扶贫资产是脱贫攻坚成果的积聚沉淀，也是乡村振兴重要的"原始积累"，其"造血能力"的提升，是"实现巩固拓展脱贫攻坚成果同乡村振兴有效衔接"的重要机制。目前，江苏初步形成相对完善的扶贫资产管理政策，政策目标由初始的资金规范使用转向资金使用与绩效管理并重，但其资产管理政策的系统性不够、长效性不强，扶贫资产产权"错置"乃至"虚置"，产业扶贫项目发展"人才瓶颈"突出，资产收益扶贫的长效机制尚未建立，扶贫资产保值增值难度加大。构建分级分类合理、权属关系清晰、监管职责明确、运营管护严格、收益分配优化、处置方式规范的长效管理机制，利用"大数据 + 云计算 + 微服务"，实现扶贫资产的智慧化管理，确保扶贫资产风险可控与保值增值，是"脱贫攻坚"与"乡村振兴"两大战略衔接的当务之急。

关键词：扶贫资产管理　脱贫攻坚　乡村振兴　江苏省

---

* 周春芳，江苏省社会科学院农村发展研究所副研究员，主要研究方向为农村发展。

扶贫资产是由财政专项扶贫资金、统筹整合涉农资金、地方政府债券、易地扶贫搬迁资金、行业扶贫、定点扶贫、对口支援和社会扶贫等资金投入扶贫领域所形成的资产。2021年《中共中央 国务院关于全面推进乡村振兴加快农业农村现代化的意见》明确提出，加强"扶贫项目资金资产管理和监督"是"实现巩固拓展脱贫攻坚成果同乡村振兴有效衔接"的重要机制，并将其写入《中华人民共和国国民经济和社会发展第十四个五年规划和2035年远景目标纲要》，表明扶贫资产管理成为后脱贫时代亟须解决的重要问题。2022年1月，江苏省乡村振兴局、省委农办、省财政厅联合发布《关于加强帮扶项目资产后续管理实施意见的通知》，至此，江苏初步形成相对完善的扶贫资产管理政策，但仍存在不少难点、堵点与痛点，构建长效化的管理机制，确保扶贫资产风险可控与保值增值，是"脱贫攻坚"与"乡村振兴"两大战略相衔接的当务之急。

一 衔接过渡期扶贫资产管理的必要性和重要性

构建扶贫资产自循环、良性发展的长效管理机制，是巩固拓展脱贫攻坚成果的迫切需求，更是江苏全面推进乡村振兴的重要保障。

（一）江苏省扶贫资产规模可观、管理难度较大

党的十八大以来，各级政府高度重视脱贫攻坚工作，全力加大扶贫资金投入，各级财政扶贫资金大幅增长。"十三五"时期江苏省级以上专项扶贫资金达到79.6亿元，较"十二五"时期增加了70%，重点支持低收入人口脱贫、经济薄弱村发展、重点片区建设等，由此形成了以基础设施、公共服务、产业项目为主的规模庞大的扶贫资产，极大地改善了贫困地区的生产发展条件，为低收入人口脱贫和经济薄弱村摘帽奠定了坚实的基础。数据显示，2011年以来，连云港市级扶贫资产13.32亿元；徐州睢宁县扶贫资产6.6亿元，其中县级扶贫资产2.19亿元。按照资产属性，扶贫资产可分为道路交通等基础设施

及教育卫生等公共服务设施等公益资产，以产业扶贫所形成的生产基地和配套设施为主的经营资产，通过财政补助、贷款贴息等方式给予贫困户的到户资产。因资金来源和投入方式的多元化，不同扶贫资产的形成路径及其管理方式的异质性较强，部分项目实施时间跨度长、牵涉主体多、资料不全，一些跨村、镇实施的扶贫项目所形成的资产，所有权归属难以界定。面对复杂的扶贫资产管理，基层部门容易产生畏难情绪。此外，脱贫攻坚由于时间紧急、任务繁重，扶贫资金管理、贫困户脱贫、经济薄弱村增收成为各级政府部门的关注点，尽管规模不断壮大，但扶贫资产管理并未引起足够的重视。因此，如何维护、管理规模庞大的扶贫资产，构建扶贫资产管理的长效机制，确保其发挥持久性的效益，成为战略衔接期亟须解决的一大难题。

（二）加强扶贫资产管理是巩固拓展脱贫攻坚成果的迫切需求

在"两不愁三保障"得以解决后，持续提升农户收入水平乃是巩固脱贫质量的关键所在。调研发现，无论是苏南、苏中还是苏北，农村低收入户大多为"老弱病残"，劳动能力不足、可行能力差，产业帮扶与就业帮扶的作用有限，主要依赖转移净收入，这部分低收入群体的脱贫基础薄弱，易受自然灾害、新冠疫情等突发性因素的影响，其人均可支配收入增幅高于农村居民人均可支配收入的难度较大，增收缺乏可持续的动力。从经济薄弱村来看，其经营净收入主要来自标准化厂房出租、土地整治与增减挂钩的收入与土地流转管理服务费等，但产业发展水平有限，造血能力不足，部分经济薄弱村收入稳定增长的机制尚未形成。在这种情况下，脱贫户和经济薄弱村返贫、边缘户致贫的风险仍然存在。因而，巩固脱贫攻坚成果，通过发挥扶贫资产的持久带动作用，确保脱贫户和经济薄弱村不返贫、边缘户有保障，是"脱贫攻坚"与"乡村振兴"两大战略衔接期的重要任务。然而，从现实来看，扶贫资产收益对低收入户"真脱贫"的作用有限。随着扶贫资产确权工作的开展，江苏大多数经济薄弱村拥有数量可观的扶贫资产，其所有权和经营权归集体，而低收入户只享有部分资产收益权，且集体经济发展较好的薄弱村针对建档立卡低收入农户进行了资产收益分红，但是额度小且难以实现全覆盖，如连云港灌云县针对低收入人口每年发放100元，大部分贫困户在获得分红之后直接用于家庭消费，并未形成资产积累，因而资产收益难以帮助低收入人口实现稳定脱贫，本质上没有解决"真脱贫"问题。随着扶贫产业项目投入的持续增加，必须改变扶贫资产规模壮大但盈利性不高的现状，提高扶贫资产收益，降低其流失风险，确保其带动更多低收入农户和经济薄弱村受益，是当前乡村治理面临的新课题。

（三）加强扶贫资产管理是全面推进乡村振兴的重要途径

与脱贫攻坚的局部性不同，乡村振兴的目的在于整个农村地区的全面振兴，而产业振兴是乡村振兴的物质基础和重要保障。目前，规模庞大的扶贫资产，是乡村振兴重要的"原始积累"，提升这一"造血器官"的"造血能力"，在巩固拓展脱贫攻坚成果的基础上，形成可持续发展的农村产业发展体系，是江苏全面推进乡村振兴的重要途径。通过实施科学化、规范化、流程化的扶贫资产管理，从制度上对农村产业后续发展加以规范和约束，由此成为后脱贫时代改善农村经济生活条件、实现乡村振兴的有力抓手。由此，通过扶贫资产确权并登记造册、明确管理责任、制定收益分配标准、实施监督检查及资产处置等流程实施规范化管理，构建扶贫资产管理长效机制，促进农村一二三产业融合发展，提高产业可持续发展能力和带动能力，激发农户内生发展动力，有利于实现乡村全面振兴。这不仅是系列惠农举措的延续，更是贯彻落实我党助农兴农强农发展思想的重要体现。[①]

二 衔接过渡期江苏扶贫资产管理面临的现实困境

2019年底，江苏254.9万低收入人口实现脱贫，821个省定经济薄弱村全部达标，12个省定重点帮扶县（区）全部摘帽，圆满完成脱贫攻坚的目标任

---

① 李实、沈扬扬：《中国的减贫经验与展望》，《农业经济问题》2021年第5期。

务，初步形成相对完善的扶贫资产管理政策，但其系统性不够、长效性不强，扶贫资产产权"错置"乃至"虚置"，产业扶贫项目发展中的人才瓶颈突出，资产收益扶贫长效机制尚未建立，扶贫资产保值增值的难度加大。

（一）现有扶贫资产管理政策的系统性不够、长效性不强

江苏省的扶贫资产管理制度涵盖了扶贫资金管理办法、绩效评价办法、产业扶贫资金、项目管理办法等，初步实现了由资金管理向资产管理的转变，政策目标也由初始的资金规范使用转向资金使用与绩效管理并重。但扶贫资产管理办法出台相对滞后，2021年4月国家乡村振兴局、中央农办、财政部联合出台《关于加强扶贫项目资产后续管理的指导意见》，2022年1月江苏省乡村振兴局、省委农办、省财政厅联合发布《关于加强帮扶项目资产后续管理实施意见的通知》。然而，对于全省扶贫资产的规模、结构、来源、收益、地域分布等基本信息，社会公众仍无从得知。更为重要的是，现有的扶贫资产管理政策尚未促成扶贫资产诸多环节的一体化管理，碎片化、短期化倾向明显，未能从根本上解决"扶贫资产管理不到位、收益分配机制不完善"这一核心问题。调查发现，借助"三资"平台，江苏对扶贫资产进行确权登记工作，各种管理模式层出不穷，如连云港市推行扶贫资产"1234"管理模式、东海县探索扶贫资产确权"七步法"等，已完成对扶贫资产的原始投入、资产净值、运营与收益情况、管护主体等基础信息的登记造册，但扶贫资产管理的核心应是如何提升登记后扶贫资产的使用效益，即在确保扶贫资产不流失的基础上，实现其安全可控、保值增值。显然，现有扶贫资产管理政策仍有较大的完善空间。

（二）扶贫资产产权存在一定程度的"错置""虚置"

部分地方的扶贫资金股权投资仅有口头或书面约定，未按照《公司法》等相关规定处理，亦未将此类资产按比例量化到建档立卡低收入农户。部分扶贫资产投资合同未约定经营主体的风险和违约责任，导致扶贫资金投入无收益或无法实现保值增值。此外，不同类型的扶贫资产，其资金来源、投入方式的

异质性较强，如特色农业项目的资金来源和投入方式繁杂，涉及的项目多、营运主体广，该类资产中既有公益性资产亦有经营性资产，从而造成其产权、监管主体的认定难度较大，容易导致部分扶贫资产的产权不清。此外，按照相关规定，扶贫资产的使用权、收益权和管理权理应由所有者享有，政府仅享有监督权，但在实际运行过程中，无论是扶贫资金的使用还是收益分配方案的制定，均需由相关政府部门审批。故此，即便在扶贫资产产权明晰的情况下，政府部门亦是其使用权、收益分配权、监督管理权的实际支配者，而法律所规定的村集体应有的扶贫资产所有权被"错置"乃至"虚置"。此外，调查发现，为提高扶贫资产的经营管理效率，江苏部分地区设立了扶贫资产经营管理公司，把扶贫资产纳入国有资产管理，如睢宁县委托县农业公司建立扶贫资产委托经营管护机制，部分县成立了由当地政府组建的平台公司。第三方公司的介入，不仅挤占了村集体作为扶贫资产所有者的主体地位，而且将本应属村集体的扶贫资产转变为政府全权管理的资产，某种程度上"合法"剥夺了村集体的所有权，将扶贫资产纳入国有资产管理。此外，第三方公司的发展方向、经营管理、财务状况、收益分配等，由谁监督、如何监督，如何平衡经营效率和扶贫的政策取向，也是亟须解决的难题。

（三）产业扶贫项目发展"人才瓶颈"突出

产业扶贫项目不仅需要完善的现代企业治理制度，更需要懂市场、会管理、善经营的技术人才、经营管理人才，以及"用得上、干得好、留得住"的农村实用型人才。然而，由于城乡差距所产生的"虹吸效应"，我国农村精英型人力资本流失严重，乡村普遍呈现老龄化、儿童化的"流出性衰败"，乡村人才"引不进、留不住"，农村人力资本"低质化"现象严重。从调查情况来看，多数经济薄弱村在脱贫攻坚期间主要依靠驻村干部等外来力量经营资产，农村地区优秀人才外流，乡村建设所需要的高层次专业技能人才缺乏，大部分经济薄弱村找不出合适的当地人才来负责扶贫资产的运营和管理。此外，村干部队伍年龄结构不合理，年轻人才储备不足，现有人员工作强度高、压力大，政策认知能力和专业技术能力不高，创新精神、担当意识不强，发展集体经济的能力不够，特别是村党组织书记在"发展能力强、服务能力强、协调能力强"方面还有待加强，现代化企业所需的精细管理能力、规模化市场运营能力不够，难以适应现代产业发展所要求的技术升级换代、资本加速集中、精细化分工合作、价值链持续优化升级，短期内可能导致大量扶贫产业规模扩大却不增收，长期则会影响扶贫产业项目的可持续发展以及扶贫资产的保值与增值。

（四）资产收益扶贫的长效机制尚未建立

在资产收益扶贫项目中，江苏规定了 8% 的保底收益，将其作为降低资产收益风险、保障低收入户及经济薄弱村权益的主要举措。且在我国经济下行压力加大的情况下，实体经济投资回报率逐步降低，加之农业易受自然风险、市场风险双重影响的特点，多数处于发展初期的扶贫项目收益波动较大。如2020 年的扶贫资产收益率，淮安区为 6.69%，灌南县仅为 5.6%。一些项目因实施时间短尚未产生收益，迫于减贫压力，出现了未收益就分红的现象，在一定程度上影响了企业的可持续发展，为了解决该问题，少数乡镇甚至采用财政兜底的方式，不仅增加财政负担，扶贫资金的效用亦难以发挥。此外，扶贫资产作为股权，本应"共负盈亏、共担风险"，但政府往往有"负赢不负亏"的限定，此种模式下，企业难以充分利用价格杠杆进行市场化决策，损害了其长期发展能力。加之扶贫资金面临严格的年度审计，其开工率、竣工率、报账率以及用于产业与基础设施的比例亦受严格限制，无形中增加了企业的经营成本。在"连带责任"下，扶贫资金成为"烫手山芋"，实力较强的公司"失爱"该类资产，从而造成经营主体选择中的"弱者吸纳"，影响了扶贫资金的使用效率。

（五）扶贫资产的保值与增值难度加大

在干部任期制和扶贫资源有限，以及"弱激励与强约束"绩效考核体系下，政府部门缺乏对产业项目的科学化、精准化、差异化规划，扶贫产业趋同化、短视化现象普遍，部分公益类扶贫资产的后期管理、技术、维护等投入较少，导致部分产业项目的可持续性差。如农村环境设施存在不同程度的"重工程设计、建设，轻运行维护、后期管理"现象。尽管大部分样本村都配有生活污水处理设施，但因缺乏长效维护机制，部分村庄的污水处理终端设施老旧，甚至无法正常运转，而村级缺乏专项设备的管理维护经费和定期大修资金，导致污水处理效率低，设备损坏现象时有发生，部分村庄内仍可见黑臭水体。多数乡镇出台了文件、配备了管护人员，但仍面临经费落实、人员权责对等与长效管护成效标准细化等问题。部分村级公厕未通水电，且部分公厕尚未对村民开放，等等。调研得知，为确保扶贫资金的保值增值，存在用扶贫资产购置门面房甚至商品房的做法，从而使得扶贫资产经营演变为单纯的"收租经济"，难以实现扶贫资产的多元化增值及其风险控制。从产业扶贫来看，江苏省扶贫产业规模小、产品附加值低，产业链短、精深加工少，品牌效应弱、销售渠道不畅，一些产品依赖于政府帮扶，其市场竞争力和可持续发展能力不强。此外，在新冠疫情、农业自然灾害频发和经济增速放缓的背景下，企业经营风险加大、资产持续增值的难度亦增加，加之农业产业投资周期长、回报慢，受自然风险、市场风险双重影响的特点，扶贫资产保值增值的难度加大。

三　战略衔接期江苏扶贫资产管理的提升策略

以提高扶贫资产质量、资产保值增值为核心，构建一体化、长效化的管理机制，形成扶贫资产助力江苏乡村全面振兴的良性循环机制。

（一）构建分级分类合理、权属关系清晰、监管职责明确、运营管护严格、收益分配优化、处置方式规范的扶贫资产管理长效机制

明确管理主体及责任，制定合理的收益分配方案，加强日常监督，规范

资产处置等流程化的管理模式，加快建立产权归属明晰、管护主体职责明确、利益分配合理、运行管理规范的扶贫资产管理制度。对于已有扶贫资产登记造册，做到"应纳尽纳"；对于确权到户及量化折股到户的扶贫资产，应给农户颁证确权；对于确权到村、镇的扶贫资产，应在村集体经济组织完善制度章程的基础上，明确扶贫资产村民集体所有并实行民主管理，定期公示扶贫资产的运营、收益、分配等信息，设立集体股并明确集体股的特殊权利内容，以便与《公司法》中有关股权的规定相契合。设立专门的扶贫资产管理机构，加强监管，确保公益类扶贫资产维护主体与受益主体相统一。此外，规范扶贫资产的处理流程，对以个人、村集体经济组织名义入股或参股企业等经营主体，明确股权的退出办法和处置方式。对因自然灾害、政策因素、意外事故、发展规划、达到年限等需要处置的扶贫资产，严格按照程序进行审批，加大对提前报废、未经上级部门批准私自转让、违法抵押担保等行为的处罚力度，确保资产处置有法可依、有法必依。

（二）利用"大数据 + 云计算 + 微服务"，构建扶贫资产大数据管理体系，实现扶贫资产的智慧化管理

调研发现，江苏省部分地区已将扶贫资产纳入"三资"平台，但尚未将扶贫资产的收益及分配、资产处置等重要内容纳入。为此，应将扶贫资产管理作为智慧农村建设的重要内容，不仅要登记扶贫资产构成、运营主体、管护主体等基础信息，还要将资产收益及分配、资产转移等重点内容纳入其中。采用"大数据 + 云计算 + 微服务"，纵向追踪扶贫资金的走向、经办部门、受益群体等，形成"资产来源精准、使用主体权责明确、使用过程监管严密"的智慧化平台，并实现扶贫资产的动态管理，最大限度防范财务风险，并有效提高扶贫资产质量及其利用效率。

（三）培育壮大乡村干部及专业人才队伍

高度重视基层组织建设，充分发挥乡村带头人的作用，既通过购买服务，

招用具备条件的辅助工作人员，也可通过设置高校毕业生乡村基层管理和服务岗位、引入社会工作者等方式，增加工作人员。加强村级年轻后备力量培养，为每个村储备至少 2 名年轻的乡村振兴特聘岗位人员。同时，定期开展专题培训。可依托相关高校、各级党校和培训机构开展乡村振兴短训班、专题班等，定向、委托培养乡村干部和专业人才。加大用于社会保险、公益性岗位、职业培训等专业资金的补贴力度。对村干部开展日常政策宣讲、数字化管理操作和专业技能等培训，强化村干部的主体责任意识，提升其项目运营、风险管理等能力。

（四）构建合理的扶贫资产收益分配制度

推进扶贫资产分类进行所有权确权登记，明确到户资产、经营性资产、公益性资产的所有权、经营权、收益权、处置权，厘清扶贫资产的产权关系。对于明确到村集体经济组织的扶贫资产，应纳入农村集体资产管理范围并按农村集体产权制度改革要求推进股份合作制改革。对财政资金入股所形成的经营性资产，核资清算时要聘请第三方评估。规范资产收益分配方案，完善经营主体和原建档立卡贫困户、非贫低收入户之间的利益联结机制，合理确定分红比例。对于经营性资产收益，要重点用于巩固拓展脱贫攻坚成果和实现乡村振兴。属于村集体的资产收益，由村委会按照"村集体提方案、乡镇审批、县级备案"的流程，履行民主决策和公告公示等相关程序后进行分配。由财政资金和新型农业经营主体、村集体、贫困户、普通农户等各类主体自有资金共同投入形成的扶贫资产收益，按照同股同权原则分配收益，鼓励推广"保底收益＋按股分红"等模式，细化收益分配方案。此外，引导村民参与村级扶贫项目资产经营处置的民主决策，监督村级资产收益使用及分配等情况。

（五）多效并举确保经营类扶贫资产的保值增值

严把产业项目选择关，结合地区资源禀赋，发挥农业功能，将农业生产、农产品加工、休闲观光、产品销售等诸多环节串联起来，促进乡村一二三产业融合发展，延长产业链，增加产品附加值。同时，以经济效益为重点，以可持续发展为手段，以农村居民增收为核心，放活扶贫资产经营权，探索扶贫资产的所有权、经营权、收益权、监督权"四权分置"的实现路径，创新股份合作、委托经营、租赁、联营等多元化经营方式，坚持民主决策以及市场化运作机制，选择经济实力强、治理结构完善、信用条件好的经营主体，让"最有赚钱能力者"通过市场化运作，对市场需求与市场风险进行自主决策，以提升扶贫资产的经营效率。

参考文献

李实、沈扬扬：《中国的减贫经验与展望》，《农业经济问题》2021 年第 5 期。

钟甫宁：《中国农村脱贫历史性成就的经济学解释》，《农业经济问题》2021 年第 5 期。

魏后凯：《全面加强扶贫资产的管理和监督》，《中国发展观察》2020 年第 23 期。

李书峰、任金政、李慧泉等：《扶贫资产管理助力脱贫攻坚的体系构建研究》，《中国农业科技导报》2020 年第 4 期。

李书奎、任金政：《脱贫攻坚与乡村振兴的融合发展——扶贫资产管理视角》，《农村金融研究》2021 年第 2 期。

杜志雄、崔超：《衔接过渡期扶贫资产差异化治理研究》，《农业经济问题》2022 年第 1 期。

乡村产业发展

新发展格局、共同富裕与乡村产业振兴

姜长云[*]

摘　要： 本文基于对构建新发展格局、促进共同富裕的理论分析，提出要更加重视促进农民农村共同富裕。在此视角下，审视了当前乡村产业发展中的问题，提出要以促进农民农村共同富裕为导向，促进乡村产业高质量发展，并采取以下战略思路和对策选择，即高度重视农业在经济发展和乡村振兴中的功能和作用，采取有效措施促进农业农村经济多元化综合化融合化发展；引导不同类型产业组织公平竞争、优势互补，注意推进乡村产业适地适度发展和因地制宜、精准施策；强调乡村产业发展的底线思维，推动乡村产业发展更好地带动农民共同富裕。

关键词： 新发展格局　共同富裕　乡村产业发展

推进乡村产业振兴是实施乡村振兴战略的首要任务，也是加快构建新发展格局、促进农民农村共同富裕的重要途径。加快构建新发展格局，是关系我

* 姜长云，国家发改委产业经济与技术经济研究所副所长、研究员，主要研究方向为农村财政与金融、产业经济。

国经济社会发展全局的重大战略任务，也是推进我国经济现代化的重要路径选择。2020 年 10 月召开的中共十九届五中全会，将加快构建以国内大循环为主体、国内国际双循环相互促进的新发展格局，作为"十四五"时期经济社会发展指导思想的重要内容，并将"人民生活更加美好，人的全面发展、全体人民共同富裕取得更为明显的实质性进展"，作为到 2035 年基本实现社会主义现代化远景目标的重要内容，要求"扎实推动共同富裕"。[1] 2021 年 11 月召开的中共十九届六中全会强调，中国特色社会主义新时代是"逐步实现全体人民共同富裕的时代"，全党必须"立足新发展阶段、贯彻新发展理念、构建新发展格局、推动高质量发展，全面深化改革，促进共同富裕"。[2] 我国已全面建成小康社会，并历史性地解决了绝对贫困问题，"三农"工作重心正在实现由集中资源支持脱贫攻坚向全面推进乡村振兴的历史性转移。在此背景下，按照加快构建新发展格局、促进共同富裕的要求，重新审视当前乡村产业发展中的问题，完善乡村产业发展的战略导向和支持政策，具有重要的战略意义和现实作用。

一 构建新发展格局与促进全体人民共同富裕

（一）构建新发展格局

2020 年 4 月 10 日，习近平总书记主持召开中央财经委员会第七次会议，研究涉及国家中长期经济社会发展战略的若干重大问题，强调要坚定实施扩大内需战略，首次提出构建新发展格局的重大历史任务，指出"国内循环越顺畅，越能形成对全球资源要素的引力场，越有利于构建以国内大循环为主体、国内国际双循环相互促进的新发展格局，越有利于形成参与国际竞争和合作新优势"。[3] 构建新发展格局，重在畅通循环，包括产业循环、市场循环、经济

---

[1] 《中共中央关于制定国民经济和社会发展第十四个五年规划和二〇三五年远景目标的建议》，人民出版社，2020。
[2] 《中共中央关于党的百年奋斗重大成就和历史经验的决议（2021 年 11 月 11 日中国共产党第十九届中央委员会第六次全体会议通过）》，《人民日报》2021 年 11 月 17 日。
[3] 习近平:《国家中长期经济社会发展战略若干重大问题》，《求是》2020 年第 21 期。

社会循环，以畅通国民经济循环为主，推动内需市场与国际市场更好地联动起来，提升产业链供应链安全稳定和现代化水平。以国内大循环为主体，绝不是关起门来搞建设，推动国民经济和社会走向封闭运行；而是要牢牢把握扩大内需这一战略基点，通过发挥我国超大规模市场优势和内需潜力，利用好我国产业体系相对健全的优势，更好地利用国际国内两个市场、两种资源，促进国内市场和国际市场更好地联通，为实现更高质量、更有效率、更加公平、更可持续、更为安全的发展创造条件。习近平总书记指出，"构建新发展格局最本质的特征是实现高水平的自立自强"。[1]畅通国民经济循环，推动构建以国内大循环为主体的新发展格局，可以为实现高水平的自立自强提供强劲底蕴，也可以为推动国内国际双循环相互促进提供稳固的基本盘。

当前，全球面临百年未有之大变局，新冠疫情增加了全球发展的变数，导致全球发展环境的不稳定性不确定性明显增加，世界经济复苏更加充满艰难曲折。在此背景下，全球保护主义、单边主义抬头，逆全球化浪潮汹涌，各国发展的内顾倾向明显增加，推动产业链布局转向本土化、近邻化、区域化和分散化、多中心化，从效率优先转到兼顾效率与安全，更加重视统筹考虑成本、市场和安全，防范外部风险、保障经济安全。因此，作为发展中大国，我国在积极拓展国际竞争合作、参与国际大循环的同时，应该更加重视集中力量办好自己的事，做好畅通国民经济循环、加快培育内需市场和完整内需体系的大文章。要坚持深化供给侧结构性改革的战略取向，顺应产业结构从工业主导向服务业主导、人均 GDP 超过 1 万美元后消费结构升级的大趋势，面向水平不断提高、市场日益细分的消费需求，提升供给体系对国内需求的适配性，将增强供给适应需求能力同强化需求引导供给、供给创造需求能力结合起来。从当前国际环境及其中长期演变趋势来看，这有利于更好地坚持以人民为中心的发展思想，推动全体人民在共商共建共享中有更多的获得感、幸福感、安全感。

---

[1] 习近平：《把握新发展阶段 贯彻新发展理念 构建新发展格局》，《求是》2021 年第 9 期。

当然，构建新发展格局，也不是片面强调国内大循环，而是要结合发展更高水平的开放型经济，培育国内国际双循环相互促进的新发展格局。具体地说，要用畅通国内大循环丰富参与国际大循环的底蕴，提高对外开放的水平和质量，推动建设开放型世界经济、构建人类命运共同体；通过更好地参与和畅通国际大循环，在更大程度、更深范围参与全球分工和产业协作，引领国内大循环提质增效升级，为更好地实施扩大内需战略、拓展深化供给侧结构性改革的选择空间创造条件。

（二）在高质量发展中促进全体人民共同富裕

习近平总书记在中共十九届五中全会上强调，"随着我国全面建成小康社会、开启全面建设社会主义现代化国家新征程，我们必须把促进全体人民共同富裕摆在更加重要的位置，脚踏实地，久久为功，向着这个目标更加积极有为地进行努力"。[①] 2021 年 1 月 11 日，习近平总书记在省部级主要领导干部学习贯彻党的十九届五中全会精神专题研讨班开班式上发表重要讲话，进一步强调"实现共同富裕不仅是经济问题，而且是关系党的执政基础的重大政治问题"。[②] 尤其是 2021 年 8 月 17 日习近平总书记主持召开中央财经委员会第十次会议，强调"共同富裕是社会主义的本质要求，是中国式现代化的重要特征"，现在"已经到了扎实推动共同富裕的历史阶段"，要"在高质量发展中促进共同富裕""促进农民农村共同富裕"。[③]

共同富裕是全体人民的共同富裕，以富裕为前提、以强调"共同"为特征，是更加强调共享发展的富裕，也是更加重视共商共建的共享富裕。因此，共同富裕并非简单等同于经济发展，甚至也不简单等同于经济、政治、社会、文化和生态文明"五位一体"的发展。相对而言，共同富裕在强调发展的同

---

① 习近平：《关于〈中共中央关于制定国民经济和社会发展第十四个五年规划和二〇三五年远景目标的建议〉的说明》，载《中共中央关于制定国民经济和社会发展第十四个五年规划和二〇三五年远景目标的建议》，人民出版社，2020。

② 习近平：《扎实推动共同富裕》，《新华文摘》2021 年第 21 期。

③ 刘奇：《别让农民不识人间烟火》，《中国发展观察》2019 年第 20 期。

时，更加强调发展成果的分享和社会财富的合理分配。在高质量发展中促进共同富裕，强调将促进全体人民共同富裕建立在促进高质量发展的基础之上，将实现更高质量、更有效率、更可持续的发展同实现更加公平、更为安全的发展结合起来，是效率优先但更加兼顾公平、在继续重视发展的同时更加重视共享和先富带动后富的和谐富裕。在高质量发展中促进共同富裕，要将鼓励居民勤劳致富、创新致富与推动人的全面发展、鼓励居民增强创新创业创造能力、畅通居民参与发展的渠道结合起来。要立足新发展阶段的具体国情，既要通过扎实推动共同富裕，实实在在地提升广大人民群众的获得感、幸福感、安全感，又要高度重视推动共同富裕的长期性、艰巨性、复杂性，将坚持尽力而为、量力而行同循序渐进、突出重点有机结合起来。将促进居民收入的普遍提高和收入差距的合理化同改善基础设施、公共服务、就业质量并增强其对广大居民的普惠可及性结合起来，推动全体人民共创美好生活。要在鼓励合法合规致富、约束违法违规致富的前提下，结合加强基础性、普惠性、兜底性民生保障能力建设，通过创新制度、完善政策等，鼓励高收入群体发挥示范带动作用，引领中等收入群体扩大规模，完善欠发达地区和低收入群体帮扶机制，将推进全面协调可持续发展同推动包容性发展更好地结合起来。

扎实推动共同富裕，要在继续"做大蛋糕"的同时，更加重视"分好蛋糕"，并完善"蛋糕分好"机制，形成"做大蛋糕"与"做好蛋糕"互促共进的循环；要聚焦解决地区差距、城乡差距和收入差距问题，立足当前、着眼长远、循序渐进、分类施策，以解决群众急难愁盼问题为优先切入点，注意轻重缓急、标本兼治、分阶段推进。要通过深化改革开放，推动政策和制度创新，促进发展机会更为广泛、更加公平地惠及全体人民，不断增强人民群众的获得感、幸福感、安全感，防止新的政策出台加剧地区差距、城乡差距和收入差距问题，尤其要更加重视拓展欠发达地区、农村农民，特别是脱贫地区和困难群众参与发展的渠道。

此外，共同富裕不仅包括居民收入水平的提高和收入差距的合理化，还包括居民享受基础设施和公共服务状况的改善、就业质量的提高及其惠及广泛性的增强；推动人的全面发展和居民文化精神生活状况的改善，也是实现共同富裕不可或缺的重要内容，正如 2021 年 5 月 20 日发布的《中共中央 国务院关于支持浙江高质量发展建设共同富裕示范区的意见》所明确的，共同富裕即"普遍达到生活富裕富足、精神自信自强、环境宜居宜业、社会和谐和睦、公共服务普及普惠，实现人的全面发展和社会全面进步"。当然，全体人民共同富裕是就社会总体而言的，更侧重从社会总体角度评价个人参与共享发展的状况。因此，共同富裕对环境宜居宜业、社会和谐和睦等方面的关注，更多聚焦与居民个人获得感、幸福感、安全感相关的内容。

（三）构建新发展格局和促进共同富裕要求更加重视促进农民农村共同富裕

当前，我国已全面建成小康社会，开启全面建设社会主义现代化国家新征程。在此背景下，立足新发展阶段，贯彻新发展理念，要求把构建新发展格局作为推动我国经济现代化的重要路径选择，把在高质量发展中促进全体人民共同富裕作为推动我国现代化的战略导向。构建新发展格局要求在高质量发展中促进全体人民共同富裕，促进全体人民共同富裕有利于更好地构建新发展格局，二者相辅相成、有机结合、和谐互动。比如，构建新发展格局，要求抓住扩大内需这个战略基点，促进生产、分配、流通、消费更多地依托于国内市场。通过促进全体人民共同富裕，推动居民收入水平的提高和收入差距合理化，可以为扩大内需提供强劲支撑和雄厚底蕴。通过提高欠发达地区、中低收入群体，特别是脱贫地区、农村中低收入群体的收入水平，为消费结构升级创造的市场空间提供支撑，有利于形成我国消费结构升级、产业市场扩张的"雁阵"模式，弥合城乡消费断层，延长我国产业发展生命周期，进而畅通国内产业循环、市场循环、经济社会循环。而国内循环的畅通，又会对畅通国际大循环、发挥其对国内大循环的引领带动作用，提出新的更高层次的要求。比如要求在加强科技自立自强的同时，更好地引进、消化、吸收国外先进技术，促进国内产业结构、消费结构升级；在保障国内粮食和重要农产品有效供给的同时，通过积极参与国际农产品贸易，更好地满足国内消费结构升级对高端优质农产品、特色品牌农产品和功能食品的需求。

仅从城乡循环来看，当前工农发展不平衡、"三农"发展不充分是我国发展不平衡不充分最突出的表现，构建新发展格局要坚持把解决好"三农"问题作为全党工作的重中之重，促进全体人民共同富裕要求把促进农民农村共同富裕作为攻坚克难的重点。比如，2020年全国农村居民人均可支配收入为17131.5元，仅相当于城镇居民人均可支配收入的39.1%；按居民人均可支配收入五等份分组，从各占20%的高收入户到中间偏上户、中间收入户、中间偏下户、低收入户，2020年农村居民人均可支配收入分别仅相当于城镇居民的40.1%、38.0%、37.5%、37.8%、30.0%。同年，如果将低收入户人均可支配收入计作100，城镇居民中的高收入户、中间偏上户、中间收入户、中间偏下户的人均可支配收入分别相当于822.8、446.1、314.3、222.0，农村居民中的高收入户、中间偏上户、中间收入户、中间偏下户的人均可支配收入分别相当于615.9、352.0、251.8和176.3。[①]可见，当前不仅城乡居民收入差距较大，农村居民相对于城镇居民，中低收入户与高收入户的收入差距更大。仅从城乡之间、城乡内部收入差距状况的分析就可以看出，今后促进农民农村共同富裕是促进全体人民共同富裕的重点和难点。

二 从构建新发展格局、推动共同富裕看乡村产业发展中存在的问题

（一）将农业及其关联产业发展排斥在乡村产业发展之外，盲目要求农业退出乡村、乡村向城镇看齐

近年来，部分乡村地区，特别是非城郊型乡村地区，将农业发展排斥在乡村产业发展的视野之外，推动农业加快退出乡村，或将农业发展置于乡村产

---

① 本文数据凡未注明出处的，均根据国家统计局编《中国统计摘要2021》中相关数据整理而得。

业发展的次要乃至依附地位；将农业农村现代化简单地等同于农村现代化，不注重推进农业现代化和农村现代化融合发展，甚至简单要求乡村（产业）向城镇（产业）看齐、按城镇标准建设乡村；导致乡村大量耕地撂荒，或被交通道路、厂房、公用设施、休闲旅游场景替代，弄得乡村越来越缺乏乡土味、农耕情，甚至乡村越来越像城镇。有的地方脱离资源禀赋和市场需求，盲目推动农民转行发展乡村民宿、休闲旅游或其他非农产业，导致农业由乡村发展的"台前"加速转向"幕后"，甚至趋于消亡。有些地方乡村建设盲目追求"高大上"，甚至用城市思维治理乡村，[①]推动甚至强迫农民集中上楼，导致农民发展庭院经济等乡村产业丧失支撑，也导致农民农产品消费商品化过程提速，影响农民生活质量。有些地方对美丽乡村建设拔苗助长，通过设立过高的环境美化和环境保护指标，加大畜禽禁养限养、秸秆禁烧力度，导致农业农村经济加速单一化、乡村生活加速城市化，稀释了乡村物质文化和精神生活的内涵。

在少数乡村地区，上述举措可能确实促进了农民增收致富，但且不说其促进农民增收的效果能否持续，就全国多数地区而言，这种撇开农业的乡村振兴往往不具有示范意义和推广价值，并且很容易导致乡村旅游或乡村非农产业发展过多过滥，加剧同质化竞争，从长期来看不利于实现乡村产业的可持续健康发展和农民增收致富，甚至会因前期较大的资源和要素投入，增加未来乡村产业发展的沉没成本或风险隐患。严格地说，这不是振兴乡村，而是在消灭乡村。就总体而言，盲目要求农业退出乡村、乡村向城镇看齐，不仅容易让乡村失去特色和神韵，也容易束缚农民走向共同富裕的步伐。

（二）片面追求扩大乡村产业组织规模，抬高农民参与乡村产业发展的门槛

进入 21 世纪以来，许多地方把推进农业土地规模经营作为加快农业发展方式转变的重要途径，导致耕地向种养大户和新型农业经营主体集中的水

---

① 姜长云：《论农业生产托管服务发展的四大关系》，《农业经济问题》2020 年第 9 期。

平在总体上呈现提高趋势。^① 就总体而言，农户土地经营规模扩大，在一定限度上有利于促进现代农业科技的推广应用，提高农业土地生产率和劳动生产率。在今后相当长的时期，土地规模经营和服务带动型规模经营应该是我国发展农业适度规模经营的两条重要路径，并保持竞争发展、优势互补态势。如果农业土地经营规模的扩大主要依靠农户之间的自愿流转，农户转出土地的进展往往与其在非农产业就业渠道的拓展相适应；那么，这种农业经营规模扩张的过程，可能伴随着土地转入、转出双方收入水平的提高，有利于实现农民共同富裕。但是，也有部分土地流转是以工商资本为主导，通过大规模连片化流转来实现的。相对于通过农户间土地流转形成的农业规模经营，通过工商资本大规模连片流转土地实现的农业规模经营，容易拉动土地成本的迅速提高，^② 增加农业经营风险，强化农业生产"非粮化"倾向。这种以工商资本为主导的大规模连片土地流转，容易导致小农户脱离农业的进程被人为提速，形成过快过猛的问题。比如部分地区通过下任务、定指标、设奖惩等方式，要求乡村在一定期限内完成一定规模的土地集中任务；部分地区强力推进乡村集中和农民集中上楼、撤村并居步伐过快过猛，有意无意地给农民从事农业生产造成不便，导致农民被迫远离农业、转出耕地或将耕地托管给服务组织，为加速扩大土地经营规模创造条件。在此过程中，如果农民就业渠道的开拓和就业能力的提升慢于农民脱离农业的步伐，很容易导致

---

① 2020年在全国农户中，未经营耕地的农户占11.8%，经营耕地但低于10亩的农户占73.3%，经营耕地10~30亩、30~50亩的农户分别占10.7%和2.6%；经营耕地50~100亩、100~200亩和200亩以上的农户分别占1.1%、0.4%和0.2%，分别较2018年增长2.9%、4.3%和7.1%。同年，全国土地经营权流转面积5.32亿亩，较上年增长4.3%，占家庭承包经营耕地面积的34.1%。详见农业农村部政策与改革司编《2020年中国农村政策与改革统计年报》，中国农业出版社，2021。

② 以三种粮食平均为例，2008~2019年，每亩总成本由562.42元增加到1108.89元，增加了97.2%；每亩现金收益由434.25元增加到540.89元，仅增加24.6%；同期，每亩土地成本由99.62元增加到233.25元，增加了134.1%，增幅接近同期人工成本增幅（136.2%），但明显高于物质与服务费用增幅（60.6%）。尤其是2013~2019年，三种粮食平均每亩总成本增速明显放缓，从1026.19元增加到1108.89元，增幅为8.1%；每亩现金收益有所减少，从625.34元减少到540.89元，降幅达13.5%；但每亩土地成本从181.36元增加到233.25元，增幅为28.6%，增速明显快于物质与服务费用（增加11.3%）和人工成本（下降3.8%）。根据国家发展和改革委员会价格司编《2020全国农产品成本收益资料汇编》（中国市场出版社，2021）整理。

部分农户难以通过非农就业增收空间的开拓，有效填充农业就业增收空间的收缩，加大其实现就业增收和共同富裕的难度。在部分地区，地方政府强力推动发展农业土地托管，导致农户区域性群体性让渡农业土地经营权，加速形成新型服务主体对小农户发展农业的替代效应，也会加快推动小农户与现代农业发展脱轨。[①] 在此背景下，如果小农户脱离农业后拓展就业渠道、提升就业能力进展较慢，也容易导致部分小农户在实现共同富裕的进程中掉队落伍。

推动乡村企业扩大经营规模，引导督促乡村产业加快企业化、专业化、规模化转型，往往是加快乡村产业发展方式转变的重要途径。近年来，许多地方节能环保压力加大，也是推动乡村产业加快企业化、专业化、规模化转型的重要动因。但是，也有部分地区片面强调乡村产业的企业化、专业化、规模化转型，对乡村特色资源开发和综合利用不够重视，对乡村小微企业特别是非正式组织发展富有资源禀赋、民俗文化底蕴和乡土创意内涵的乡村产业重视不够，也在很大程度上制约了乡村经济的多元化综合化发展，影响乡村就业增收渠道的开拓和乡村产业竞争优势的培育。比如，许多富有农耕文化内涵、民族特色和地域特质的乡村创意文化产品、风味食品，以及柳编、草编等手工技艺，市场规模未必很大，但往往有较强的珍稀性、工艺性、观赏性，文化内涵和消费体验独特，可以较好地满足个性化、差异化、零星小量的细分市场消费需求，并推动乡村产业发展。过度强调乡村产业的企业化、专业化、规模化发展，容易导致农民农村错失通过开发长尾市场来扩大就业的机会。

（三）片面追求行业规模扩张和数量增长，加剧部分乡村产业的同质化竞争和产能过剩问题

近年来，我国许多特色农业和乡村产业片面追求规模扩张和数量增长，

---

① 姜长云、张义博、芦千文：《当前农业产业化龙头企业发展形势及相关对策——基于对安徽省 C 市的调研》，《全球化》2019 年第 6 期。

导致无效供给增加、同质化竞争加剧、质量效益下降等问题凸显。如 2000 年我国茶叶、水果产量分别为 6.83 亿公斤和 622.51 亿公斤，2019 年分别增加到 27.77 亿公斤和 2740.08 亿公斤，增加了 3.07 倍和 3.40 倍，分别年均增长 7.7% 和 8.1%。2000~2019 年，按年末人口计算，我国人均茶叶、水果产量分别由 0.54 公斤、49.13 公斤增加到 1.97 公斤、194.33 公斤。2019 年，我国人均蔬菜、瓜果和苹果、柑橘、梨、葡萄、香蕉等水果产量分别达到 511.37 公斤、59.31 公斤和 30.09 公斤、32.51 公斤、12.28 公斤、10.07 公斤、8.27 公斤，人均园林菠萝、红枣和柿子产量分别为 1.23 公斤、5.29 公斤和 2.34 公斤。在这些产品中，多数出口比例并不高。仍以 2019 年为例，我国蔬菜、茶叶产量分别为 72102.57 万吨和 277.72 万吨，而蔬菜、茶叶出口量分别仅为 979 万吨、36.7 万吨，分别相当于同年产量的 1.4% 和 13.2%；[①] 蔬菜贸易顺差为 145.4 亿美元，水果贸易逆差达 29.1 亿美元。[②] 随着产业规模的扩张和数量的增长，许多乡村产业包括特色农业大而不强的问题凸显。有些特色农业的规模扩张，还伴随着从产品生产适宜区向次适宜区甚至不适宜区的转移，导致总体品质下降、品质分化加剧、竞争力弱化，甚至部分优质产品的发展被劣质产品品质下降所拖累。比如，近年来我国已成为世界上猕猴桃种植规模最大、总产量最高的国家，但许多从事猕猴桃种植的农民却收入堪忧，许多地方的猕猴桃因"放烂不熟，口味寡淡"成为市场上的"劣果"，优质果品少、单位效益低问题凸显。[③]

片面追求规模扩张和数量增长在乡村非农产业中也是比较严重的现象。比如，许多地方不顾资源禀赋、市场需求、原料支撑和比较优势，盲目兴办乡村产业园区和乡村产业项目，甚至不惜下任务、定指标、密集考核，导致乡村

---

① 根据国家统计局农村社会经济调查司编《中国农村统计年鉴 2020》（中国统计出版社，2020）中相关数据整理。

② 农业农村部农业贸易促进中心：《2019 年我国农产品进出口情况》，http://www.gjs.moa.gov.cn/ncpmy/202004/t20200430_6342847.htm，2020 年 4 月 30 日。

③ 《中国猕猴桃，一个产业处境极其尴尬的水果》，https://www.163.com/dy/article/GMA9GTA70552G0JL_pdya11y.html，2021 年 10 月 14 日。

企业同质化竞争加剧，农产品原料供给难以有效支撑加工能力扩张和品质提升的要求，加剧乡村企业规模小、层次低、竞争力弱的问题。有些乡村产业项目盲目追求"高大上"，出现"市场不认可""愿景好但落地难""盆景难以转化为风景"等问题，缺乏可持续发展能力。近年来，我国农村一二三产业融合发展加快，对于促进农民就业增收和提升农民参与发展的能力发挥着重要作用。但是，随着农村一二三产业融合发展的深入，区域间同质化竞争、产能过剩和竞争力提升困难等问题也日益凸显，尤以休闲农业和乡村旅游为甚。相当一部分休闲农业和乡村旅游设施投入大、见效慢、投资回收期长，并且服务质量、消费体验欠佳和特色品位不够，难以形成文化和旅游吸引力，也难以形成对农业提质增效的带动效应。有些地方简单复制先行地区的发展路径，照猫画虎，亦步亦趋，不注意市场开拓和品牌打造，更不注意研究市场供求变化，导致区域产业规模扩张过快，项目投产即开始亏损。有的农产品加工项目本意是通过"公司＋农户"方式带动农民增收致富，却因加工项目经营失利，导致农户参与的农产品原料基地建设难以为继，出现农产品原料"卖难"和农业减收问题；甚至前期从事农产品原料种植的大量投入形成沉没成本，影响农民走向共同富裕。

（四）营商环境和基础设施、公共服务供给问题亟待改善，头部企业及其辐射带动能力亟待提升

相对于城镇，农村地域空间分散，基础设施和公共服务环境欠佳，容易增加企业运行成本和发展风险，影响人才和优质要素进入乡村产业，不利于市场渠道开拓和价值链升级，也容易导致营商环境成为乡村产业、乡村企业发展中的短板，影响乡村产业质量、效益、竞争力的提升，而这又会进一步影响乡村产业、乡村企业对优质资源和要素的吸引力。因此，许多地处乡村的农业产业化龙头企业的产业链条短，产业层次低，创新能力、盈利能力和品牌影响力弱，经济实力和抗风险能力弱且发展后劲不足，对周边小微企业的带动能力弱。近年来，随着劳动力成本和劳动力对就业环境要求的迅速提

高，许多乡村企业招工难问题凸显，特别是招青工和技工难问题更为严重。[①]
在经济下行压力加大背景下，企业容易出现资金链断裂、产能利用率下降，
甚至停产、倒闭等问题，这都与营商环境和基础设施、公共服务供给等方面
的短板有很大关系。比如，许多乡村企业产品结构单一、营销渠道不畅，其
重要原因是相关公共创新和营销服务平台建设滞后。近年来，在行业集中化、
品牌化步伐加快的背景下，许多乡村企业难以成为行业头部企业，并容易因
行业竞争或头部企业围剿而经营状况加速滑坡。这同乡村营商环境和基础设
施、公共服务供给等方面密切相关。部分地区农业农村基础设施投入不足，
加之许多重大灾害往往突发性强、转折性大，甚至多灾并发，增加乡村产业
的运行风险。

此外，在许多地方的乡村产业发展中，缺乏有行业影响力和辐射带动力
的头部企业，影响乡村企业间合作关系的优化和产业链供应链升级。头部企业
与一般企业之间、乡村企业与农户之间的利益联结机制不健全，影响乡村企业
助力农民走向共同富裕。有些地方针对乡村企业缺乏负面清单管理制度，部分
乡村企业倾向于"有水快流"，基于乡村资源要素实行掠夺性经营，破坏耕地、
损害生态环境。有些地方在乡村企业发展中，只注重带动农民增收，不注重提
升农民参与发展的能力，导致农民增收高度依赖于相关财政支持项目。比如，
有些地方政府通过财政补贴、财政贴息等方式支持乡村企业发展，但前提是享
受这些优惠政策的乡村企业需将财政补贴或优惠贷款作为低收入农户的入股，
按固定股息向农民分红；但缺少增强农民发展能力的有效机制。近年来，农业
农村经济数字化转型加快，但是在此过程中，针对"赢者通吃"和"少数人迅
速得益，多数人被迫买单"现象如何形成有效的制衡机制，如何帮助农民特别
是小农户有效解决参与数字化转型的能力不足的问题，在许多地方并未引起重
视。这会影响农民走向共同富裕。

---

① 姜长云、李俊茹：《关于农业农村现代化内涵、外延的思考》，《学术界》2021 年第 5 期。

（五）乡村产业支持政策的针对性和有效性亟待加强，优化市场调控仍需不懈努力

近年来，国家支持乡村产业发展的政策频繁出台，乡村产业发展的政策环境不断改善。如 2021 年 9 月出台的《农业农村部办公厅 中国农业银行办公室关于金融支持农业产业化联合体发展的意见》、2021 年 10 月出台的《农业农村部关于促进农业产业化龙头企业做大做强的意见》、2021 年 11 月出台的《农业农村部关于拓展农业多种功能 促进乡村产业高质量发展的指导意见》政策导向鲜明，具有较强的针对性和可操作性。但就总体而言，这些政策实际作用的发挥客观上需要经历一个渐进过程。就当前而言，乡村产业发展相关政策仍然有待完善，一是在政策支持上重视引导乡村产业组织（乡村企业或经营主体，包括乡村产业非正规组织，下同）做大做强，亟待加强头部企业或经营主体在提升产业链供应链现代化水平、带动农民农村共同致富方面的引领带动作用。二是应支持乡村小微企业和庭院经济、手工作坊等乡村产业非正规组织发展乡村特色经济助力农民实现共同富裕，加快市场营销、创新服务、质量检测等相关服务体系和公共服务平台建设。三是对电商平台的压级压价和失信行为缺少有效的制衡机制，影响乡村企业推动品种培优、品质提升、品牌打造、标准化生产的积极性。四是部分政策缺乏配套的实施机制，存在"政策好、落实难"的问题，需增强政策的针对性和有效性。比如，随着一二三产业融合发展，许多乡村产业对中长期资金的需求迅速增长；而随着经济下行压力加大和企业经营风险增加，银行对企业的限贷、惜贷、抽贷等行为有所强化。在此背景下，银行对企业现有的"短债长用""借新还旧"信贷模式，容易导致企业资金链断裂问题凸显。亟待财政、金融相关部门合作，探索加强对乡村企业中长期资金支持的方式和路径。

此外，近年来国内外发展环境的不稳定不确定性明显增加，优化乡村企业发展的市场调控至关重要。但是，在乡村企业发展中，部分政策调整和市场调控举措，就单项政策出台而言，具有必要性和合理性，但因政府不同部门之

间缺乏统筹协调，容易因政策叠加导致用力过猛或"急刹车、猛给油"的问题，加剧市场供求和价格波动。还有一些政策的前瞻性不足，加之政策落地见效的滞后性，容易导致顺周期调节问题，加剧经济运行波动。此外，当今世界数字经济日新月异，但是利用数字技术助力农业和乡村产业发展的市场调控在总体上仍然刚刚起步，亟待加强引导支持，促进乡村产业高质量发展。

三 以促进农民农村共同富裕为导向促进乡村产业高质量发展

（一）高度重视农业在经济发展和乡村振兴中的功能和作用，采取有效措施促进农业农村经济多元化综合化融合化发展

发展经济学家很早就关注到农业在经济发展过程中的产品贡献、市场贡献、要素贡献和外汇贡献。[①] 近年来农业多功能性日益受到多数国家的重视，成为丰富乡村功能价值的重要途径，正如世界银行指出的，"如何将小农推动农业增长与农业的经济、社会和环境调节功能协调起来尤其重要"，[②] 甚至农业本身就是环境，也是农耕文化的载体和社会风险的消融器。2007年中央一号文件指出，"农业不仅具有食品保障功能，而且具有原料供给、就业增收、生态保护、观光休闲、文化传承等功能。建设现代农业，必须注重开发农业的多种功能"。《乡村振兴战略规划（2018—2022年）》提出，"乡村是具有自然、社会、经济特征的地域综合体，兼具生产、生活、生态、文化等多重功能，与城镇互促共进、共生共存"。农业对发挥乡村的这些功能和作用而言往往不可或缺。因此，农业乃至部分农业关联产业往往是乡村产业的重要组成部分，甚至是多数地区乡村产业不可或缺的内容，对发挥乡村独特功能具有不可替代的重要作用。从国际经验来看，在许多乡村地区，农业可以成为农村人口特别是贫困人口或老年人口的一种谋生手段、维持生存

---

① 刘奇:《别让农民不识人间烟火》,《中国发展观察》2019年第20期。
② 姜长云:《论农业生产托管服务发展的四大关系》,《农业经济问题》2020年第9期。

之本甚至一种生活方式；农业通过其对环境的影响，还可以提供多样化的生态功能。①农业在为部分乡村居民提供物质财富的同时，也可以促进其身心健康和精神愉悦，助推农民走向共同富裕。

根据工业化、城镇化演进规律，经济发展或现代化的过程往往伴随着农业在国民经济中所占比重的下降，在此过程中部分农业退出乡村、部分乡村融入城镇是难免的。②但是，至少就多数地区而言，在推动乡村振兴的过程中，农业比重下降应该是一个循序渐进的过程，可以与农业总量规模的增长并行不悖，至少不能以农业功能作用的绝对下降和农业总量规模的绝对萎缩为前提，更不能盲目要求农业退出乡村。何况，推动乡村振兴的过程，既是推动乡村发展的过程，也是推动乡村独特功能得到有效发挥的过程。③农业农村现代化是实施乡村振兴战略的总目标，农业现代化是农业农村现代化之"根"，推进农业农村现代化只能加强、不宜淡化或偏离农业现代化。④"农为邦本，本固邦宁"，稳住农业基本盘，可以为构建新发展格局、促进农民农村共同富裕提供"压舱石"。在全面推进乡村振兴的过程中，应该努力做好加快推进农业现代化的文章，保障粮食和重要农产品有效供给，增强农业发展对农民就业增收的带动能力。

从国内外经验来看，推进农业现代化要顺应农业专业化、规模化发展的大趋势，提升农业竞争力。但是，与此同时，推进农业和农村经济多元化综合化融合化，不仅有利于激发农业乡村的生产、生活、生态、文化等多重功能，

---

① 姜长云、张义博、芦千文：《当前农业产业化龙头企业发展形势及相关对策——基于对安徽省C市的调研》，《全球化》2019年第6期。
② 1978年我国农业占GDP比重为27.9%，2020年下降到8.0%；第一产业占就业人员比重从1978年的70.5%下降到2020年的23.6%。此处农业按农林牧渔业口径，注意农林牧渔业包括农林牧渔专业及辅助活动，而农林牧渔专业及辅助活动属于第三产业，在农林牧渔业中扣除农林牧渔专业及辅助活动为第一产业。因此，农林牧渔业统计口径较第一产业更大，但二者相差不大。以2020年为例，农林牧渔业和第一产业占GDP比重分别为8.0%和7.7%，二者差距即农林牧渔专业及辅助活动占GDP比重为0.3%。现行《中国统计年鉴》或《中国统计摘要》无农林牧渔业或农林牧渔专业及辅助活动的就业人员数据。
③ 姜长云、李俊茹：《关于农业农村现代化内涵、外延的思考》，《学术界》2021年第5期。
④ 姜长云：《做好"健全面向小农户的农业社会化服务体系"大文章》，《中国发展观察》2020年第Z2期。

防止农业农村经济萧条，还有利于农民农村特别是历史文化厚重的欠发达地区和脱贫地区加快走向共同富裕。对相当一部分农民特别是外出就业比较困难的农民来说，从事农业，更易融入生于斯、长于斯的乡土社会，具有对乡村的本土根植性与产业亲和力。许多乡村产业立足农业、依托农村，与农业有着千丝万缕的联系。联农带农是乡村产业发展中应重点发挥的比较优势。发展乡村产业，有利于夯实农业基本盘，促进产业循环和城乡循环，也有利于促进农民就业增收。推进农业农村经济多元化综合化融合化，既要注意顺应环境变化和发展要求，应变局促新局，又要注意脚踏实地，求真务实；要在鼓励培育新产业新业态新模式的同时，避免随意挤占传统业态的发展空间，注意引导新产业新业态新模式与乡村产业传统业态模式融合发展，合力带动农民增收致富。如在许多欠发达地区特别历史文化厚重的脱贫地区，就小农户而言，发展庭院经济既是一种生产方式又是一种生活方式。在农村人口老龄化不断加剧的背景下，鼓励农民发展庭院经济，不仅有利于提高农民生活质量，拓展农民就地就近就业增收的路径，丰富农民美好生活的内涵，还有利于避免滥施化肥、农药等影响农产品质量。要完善财政支持政策，鼓励欠发达地区特别是山区、脱贫地区和富有历史文化的乡村地区，加强对发展庭院经济的信贷支持，帮助农户更好地走向共同富裕。

（二）引导不同类型产业组织公平竞争、优势互补，将鼓励领航企业、新型经营主体增强引领带动作用与加强对小微企业等乡土特色经济的支持结合起来

在推进乡村振兴的过程中，不同类型的乡村企业具有不同的功能和作用。比如，乡村头部企业往往经济实力较强，在技术、标准、品牌、质量、服务等方面具有较强的竞争优势，对行业发展和转型升级可以发挥重要引领、辐射和示范带动作用。头部企业做大做强，往往较好地体现了效率导向。但从宏观层面，特别是中观的区域或行业层面来看，过度强调支持企业做大做强，甚至不惜挤压小微企业和乡村非正式产业组织的生存空间，未必有利于提升宏观或中

观层面的效率，并且不利于广大农民农村更好地走向共同富裕。小微企业甚至庭院经济、手工作坊等乡村非正式产业组织在发展乡土特色经济方面，往往具有大企业难以替代的作用，对带动农民就业增收有较强的亲和力。对于乡村产业重要组成部分的农业而言，情况也是如此。无论是农业还是畜牧业，小农户往往是维护粮食安全和保障重要农产品有效供给的积极力量。[1] 近年来，许多农牧业的价格波动加剧，这与产业组织规模化进展较快有很大关系。[2] 有人看不上小微企业，特别是庭院经济、手工作坊等乡土特色经济发展方式，将其等同于城市的"地摊经济"。地摊经济发展在促进共同富裕中的作用恰恰应该引起重视。地摊经济往往是低收入者最后的"饭碗"，是其应对风险最后的体面和韧性所在，同时，对于维护乡村社会的"乡土味"和降低居民生活成本，也有重要意义。

应注意引导不同类型的乡村企业和产业组织公平竞争、优势互补，协同推动乡村产业高效发展。比如，要注意引导头部企业在提升产业链供应链现代化水平、推动大中小企业融通发展、加强乡村企业产业生态建设方面发挥引领带动作用。同时，要通过加强信贷支持和对市场营销、创新服务、质量检验检测等服务体系、公共平台建设的支持，创新支持方式，加强对小微企业和庭院经济、手工作坊等乡土特色经济发展的支持，帮助农民农村拓展增收的渠道。当然，对乡村企业等产业组织的支持，应注意同建设高标准市场体系的要求对接起来。头部企业或新型经营主体做大做强是企业自身的事，过度强调支持企业做大做强有违公平竞争原则；但是支持企业通过做大做强更好地发挥对提升产业链供应链现代化水平、促进产业转型升级的引领带动作用，同支持小微企业、庭院经济、手工作坊等发展乡土特色经济一样，具有较强的公益性，符合

---

[1]　姜长云：《全面推进农业农村经济高质量发展落地见效》，《中国发展观察》2021 年第 Z1 期。

[2]　小农户往往既是生产单元又是消费单元；在以小农户为主的情况下，农业政策往往既是产业政策又是社会政策。相对于小农户，种养大户、家庭农牧场等新型农业经营主体的经营行为往往表现出更强的商品化倾向，对农产品价格变化较为敏感，更容易迅速做出收缩或扩大农产品生产规模的决策。因此，许多地方推动农牧业规模经营过快过猛，容易加剧农产品市场供求变化进而引起价格波动。

公平竞争审查的例外规定，应是创新乡村产业支持政策的重要方向。此外，创新对乡村产业组织的支持政策，并同鼓励企业推动品种培优、品质提升、品牌打造和标准化生产结合起来，借鉴国际经验，加强对互联网平台低价倾销和掠夺性定价行为的规制；探索设立诚信底线或社会责任底线，加强对直播卖货、电商直播平台和电商平台的规制管理，引导其扬长避短，更好发挥对乡村产业高质量发展的引领带动作用。要探索财政、金融协同支持乡村产业发展，加强对乡村产业发展的支持，带动金融系统增加对乡村产业发展的中长期资金支持；鼓励地方财政支持政策和金融、保险、担保等部门协同发力，探索通过设立农村小微企业和乡土特色经济风险担保基金等方式，帮助农民降低对创新创业风险的担忧，增强抵御风险的韧性。

强化对乡村产业发展的政策支持和市场调控，加强政府各部门的统筹协调，增强市场调控的前瞻性和有效性，多用政策"文火"，少下政策"猛药"，努力规避因政策同向叠加发力可能引发的"急刹车猛给油"问题。政策落地见效在客观上需要一个过程，容易出现顺周期调节问题，加剧经济运行波动。此外，利用数字技术优化农业和乡村产业发展的宏观调控，目前还处于概念和局部探索阶段，要加强这方面的支持，鼓励开展相关试验示范，也鼓励城乡服务组织利用数字技术促进乡村产业高效发展。

（三）顺应消费结构升级和消费需求分化趋势，注意推进乡村产业适地适度发展和因地制宜、精准施策

按人民币对美元平均汇率计算，我国人均GDP 2019年跨越1万美元大关，2020年达到10500美元。从国际比较来看，当前我国居民收入差距较大。随着居民收入水平的提高，消费结构升级，消费需求呈现个性化、多样化、优质化、绿色化、服务化趋势。如从产品需求来看，消费需求专用化、方便化、特色化、优质化、精致化、安全化、品牌化和体验化。从食品需求来看，更强调营养、绿色、风味、口感和保健、滋补等功能。因此，包括农业在内的乡村产业发展应该顺应日益细分的消费市场，特色市场、细分市场、小众市场的重要

性迅速凸显，注重打造竞争优势，提升品质，实现差异化、特色化发展。以农业为例，要在重视常规农业发展、保障粮食安全和重要农产品有效供给的同时，更加重视特色农业发展及其竞争优势的培育。考虑到"十四五"期间我国人口总量增长明显放缓，并进入人口中度老龄化社会，即65岁以上人口占总人口的比重超过14%。在此背景下，乡村产业发展要注意跳出片面追求规模扩张和数量增长的思维局限，推动适地适度发展，做好稳量提质增效甚至减量提质增效的文章。

实际上，随着产业发展中消费者主权的强化，区分乡村产业的主导产品到底是属于大众市场还是属于小众市场尤其重要。因此，乡村产业发展要注意因类制宜、分类施策，采取不同的产业发展甚至品牌建设思路。乡村产业的产品，有的适合打造区域品牌或行业品牌，有的只宜打造企业品牌或产品品牌。要注意引导特色农业和乡土特色产业瞄准细分市场，拓展发展空间。有的乡村产业应该加快应用高新技术，有的则应注意提升传统产业的体验价值。更多的乡村产业发展则应在培育乡村新产业新业态新模式的同时，推动新产业新业态新模式与传统产业融合发展、协同提升。

（四）强调乡村产业发展的底线思维，推动乡村产业发展更好地带动农民共同富裕

当前，乡村产业发展环境的不稳定不确定性明显增加，加强乡村产业发展风险防范和化解的工作日趋重要。可借鉴中小企业信用担保风险补偿机制建设的思路，探索建立乡村企业融资风险补偿机制，借此激发城乡居民和投资者在乡村创新创业的积极性。许多脱贫地区虽然摆脱了绝对贫困，但脱贫的脆弱性仍然较强，要坚持巩固拓展脱贫攻坚成果同乡村振兴有效衔接，重点加强对脱贫地区乡村产业发展风险的防范和化解。鼓励开展对乡村产业生命周期和竞争者行为的研究，为防范化解乡村产业发展风险提供预案；鼓励探索综合利用人工智能、大数据等现代数字技术，加强乡村产业发展风险的超前预警和防范化解工作。要坚守保障粮食安全、防止发生规模性返贫、不对农民利益和生态

环境造成实质性损害三条底线，鼓励探索建立乡村产业发展负面清单。鼓励乡村企业和新型农业经营主体完善利益联结机制，引导督促其将带动农民增收与加强农民培训、帮助提升农民参与发展的能力结合起来。

此外，统筹城乡发展、优化乡村发展布局，优化农业农村发展的空间组织形式和城乡空间开发关系，引导城乡产业培育分工协作和产业梯度发展，对于发挥城市产业转型升级对乡村产业转型升级的引领带动作用、夯实乡村产业发展的人才基础具有重要的战略意义。

农业民营企业融入双循环新发展格局的对策路径研究

林昌华*

摘　要：当前国际宏观环境发生复杂深刻变化，新时期双循环新发展格局的战略导向对我国农业企业发展产生深远影响。农业民营企业应积极主动融入新发展格局，把握发展机遇、找准定位，进一步优化发展路径和对策措施，着力从深化供给侧结构性改革、推动机制优化、提高技术创新能力和构建高水平开放体系等方面推动农业民营企业高质量发展。

关键词：新发展格局　农业民营企业　双循环

伴随着国际经贸形势的风云变幻，国家经济发展战略导向发生了明显的变化和调整，开始更加重视各类企业依靠深化改革扩大开放全面参与国内国际双循环，这种大发展背景的变化对我国农业长远发展提出了更高要求，也将产

---

　　*　林昌华，福建社会科学院习近平经济思想研究所研究员，主要研究方向为企业经济。

生深远影响。由此我国农业民营企业要主动求变、积极应变，助推形成我国农业新一轮创新创业大潮。综合来看，农业民营企业在我国农业中的作用突出，同时是我国农业持续健康发展的重要基础，因此必须在当下推动构建国内国际双循环新发展格局中成为更为重要的力量，牢固树立"全国一盘棋"思想，鼓励支持农业民营企业全面融入新发展格局，为农业高质量发展作出更大贡献。

一　中国农业民营企业发展的宏观背景分析

纵观农业民营企业的发展历程，是在特定内外部环境下发展壮大，也受到国际宏观环境和国内政策导向的深刻影响。从外部环境看，中国农业民营企业深度融入全球化开放合作格局，伴随着世界宏观环境纷繁复杂的变化，中国农业民营企业必须主动作为、化危为机，审慎应对全球化、国际化风险挑战；从国内发展看，农业民营企业已成为农业体系现代化建设的重要力量，在宏观上必须全面融入国家发展大局，顺应国内政策导向调整优化，把握难得的历史机遇，为农业持续健康发展开拓广阔的空间。

（一）国际宏观环境变化：百年未有之大变局

世界正处于百年未有之大变局，国际格局深刻复杂调整和新冠疫情影响叠加，世界进入动荡变革期。中国经济快速发展，加快步入世界舞台中央，"东升西降"的趋势更加凸显。步入新发展阶段，我国作为世界最大的发展中国家的世情和定位没有变化，我国仍将处于并长期处于社会主义初级阶段，发展不平衡不充分问题仍然比较突出，增长速度换挡期、结构调整阵痛期、前期刺激政策消化期的"三期叠加"影响将持续深化。此外，国际形势风云变幻，经济全球化遭遇逆流，单边主义有所抬头、贸易保护主义明显上升，国际经贸投资规则加快重构，西方遏制打压我国威胁陡增，我国科技创新突破、高技术产业和高端制造业发展等面临着封锁态势，世界经济秩序不确定性增加，各种可以预见和难以预见的风险因素交织，警惕防范"灰犀牛"和"黑天鹅"事件的难度持续加大。外部环境的变化导致我国包括农业民营企业在内的各种所有制经济的发展面临前所未有的风险挑战。农业民营企业发展必须加强战略定力，坚定持续健康发展的信心，全面精准把握我国坚持实施更大范围、更宽领域、更深层次对外开放的机遇，充分利用我国超大规模市场优势，在危中寻机、化危为机，推动农业高质量发展。

正如习近平总书记所指出的，"当今世界正经历百年未有之大变局，但时与势在我们一边，这是我们定力和底气所在，也是我们的决心和信心所在。同时，必须清醒看到，当前和今后一个时期，虽然我国发展仍然处于重要战略机遇期，但机遇和挑战都有新的发展变化，机遇和挑战之大都前所未有，总体上机遇大于挑战"。新时代农业民营企业发展必须要站在历史正确的一边，以全球视野来谋划发展，更好地把握产业国际规则、市场动向和需求特点，不断增强风险意识，坚定不移地贯彻新发展理念，全面融入新发展格局，更好地利用国际国内两个市场、两种资源，心无旁骛做主业、聚精会神搞实业，培育锻造国际综合竞争优势，全力推动农业高质量发展，大力弘扬企业家精神，全力办好自己的事情，主动担当使命责任，树立良好社会形象。我国农业民营企业一定能在全面建设社会主义现代化国家新征程中不断展现新作为、创造新的更大奇迹、作出新的重大贡献。

（二）产业国内发展导向调整："双循环"新发展格局

面临国内外发展环境的深刻复杂变化，以习近平同志为核心的党中央着眼于发展全局，立足新形势，高瞻远瞩地作出了构建以国内大循环为主体、国内国际双循环相互促进的新发展格局的重大战略谋划，这是对我国未来长期经济发展战略、路径作出的重大调整，是着眼于我国长远发展和长治久安作出的重大战略部署，深刻影响着新发展阶段发展战略导向的演进。这是关系新时代中国特色社会主义发展全局的重大战略任务，是于危机中育先机、于变局中开新局，塑造开启全面建设社会主义现代化国家新征程、新优势的重大战略调整。新时代农业民营企业必须全面融入新发展格局，助力推动国家经济循环畅通无阻，充分体现国家高水平自立自强的最本质特征。农业民营企业要坚持深化供给侧结构性改革这条主线，紧紧把握国家科技自立自强、培育完整内需体系等战略着力点，在各种可以预见和难以预见的狂风暴雨、惊涛骇浪的内部环境变革中，不断增强企业竞争能力、生存能力、持续能力、发展能力。

综上所述，新发展阶段，我国农业民营企业将逐步迈入重大发展转型期：一是农业民营企业发展环境的制度安排由自下而上路径转变为自上而下路径，中央和地方政府逐步成为我国农业民营企业发展的推动主体。二是农业民营企业面临的竞争格局已经发生了根本性改变。在新发展格局下，我国农业市场将逐步全面开放，市场竞争将更加激烈。三是我国农业民营企业将由局部大发展向全面大发展转变。随着我国"东部领跑、中部强化、西部开发、东北转型"的区域发展战略的深入实施，国内国际双循环的区域演进深度展开，农业民营企业将获得更加广阔的发展空间，势必会成为农业发展的重要推动力，进入全面大发展、结构更优化的新时期。四是农业民营企业发展面临着资源环境约束和国际贸易摩擦，发展方式需要由"高物质消耗、低技术含量、低经济效益"转向"低物质消耗、高技术含量、高经济效益"，由粗放型增长向内涵式发展转变。

二 我国农业民营企业融入新发展格局的路径

当今世界正经历百年未有之大变局，新一轮科技革命和产业变革蓬勃兴起。国际形势风云变幻，保护主义抬头，新冠疫情影响深远，世界经济低迷徘徊，全球市场停滞萎缩，我国面临的外部发展环境的不确定性明显增加。十九届五中全会指出构建新发展格局，是与时俱进提升我国经济社会发展水平的战略抉择，也是塑造国际经济合作和竞争新优势的战略抉择。同样对于农业民营企业来说，必须要充分发挥国内超大规模市场优势，坚持扩大内需这个战略基点，畅通国内大循环，为我国农业发展增添动力。民营经济是我国经济制度的内在要素，农业民营企业在我国农业发展中的地位举足轻重，因此在新的历史起点上构建新发展格局，我国农业民营企业大有可为。农业民营企业应充分发挥在国内外农业市场竞争中机制灵活、适应性强等优势，坚持不懈地深化改革，努力提升农业产业链供应链的现代化发展水平，全面提升科技创新能力，在推动构建以国内大循环为主体、国内国际双循环相互促进的新发展格局中促进农业高质量发展。

（一）深化供给侧结构性改革，全面推动农业高质量发展

农业民营企业特别是大型企业，在民生领域占据重要地位，是全国农业发展的"晴雨表"。农业民营企业应当切实肩负起农业市场串联、农业产品创新等责任担当，遵循创新、协调、绿色、开放、共享的新发展理念，推进农业技术创新、企业品牌提升和产业结构优化，在持续深化供给侧结构性改革中提质增效。农业民营企业要聚焦主业、不断改革创新，加快转方式调结构的步伐；要引导产业结构优化，推动民间资本向新兴领域集聚，提高民间资本的投资效益；农业民营企业要立足强大的国内农业市场，把握消费升级契机，围绕人民群众对美好生活的新需求、新期待，着力提高供给体系的质量，切实加大技术更新改造力度，全面提升对国内需求的适配性，在品牌建设、产品战略、营销手段等方面埋头苦干，加快提升自身的创新能力和市场竞争力，以更优质的农产品、更出色的消费体验，激发超大规模农业市场的发展潜力，确保实现有效供给、市场需求在更高层次、更高水平上的动态平衡。

（二）推进体制机制改革攻坚，根除深层次障碍制约

推动全面深化改革，是提高农业经济活力和效率的关键，这既是我国基本经济制度完善和经济治理能力提升的迫切要求，也是推动构建新发展格局的内在要求。构建新发展格局，必须拿出更大的政治勇气、更多的务实举措彻底破除深层次体制机制障碍，以完善产权制度和优化要素配置为重点，打通制约农业市场主体健康持续发展的"堵点"，加快建设统一开放、竞争有序的市场体系，畅通农业发展中生产、分配、流通、消费等各环节，使市场在资源配置

中起决定性作用，更好发挥政府作用，充分激发各类市场主体活力。始终坚持两个"毫不动摇"，持续深化体制机制改革，消除制约农业民营企业发展的壁垒，全面构建亲清政商关系，打造市场化法治化国际化营商环境，形成农业民营企业适应新发展格局的动力牵引，实现更高质量、更有效率、更加公平、更可持续、更为安全的经济发展。

（三）坚持创新驱动核心地位，提升农业企业创新能力

创新是引领发展的第一动力，在国际发展环境复杂深刻变化的背景下，新一轮科技革命和农业产业变革迫切要求我们要使经济增长动力从要素驱动转向创新驱动，实现依靠创新驱动的内涵型增长，突破关键核心技术，为形成以国内大循环为主体奠定坚实基础。农业民营企业在整个产业体系对行业技术创新的贡献有目共睹，同时也是农业技术创新的重要主体和技术攻关的主要载体。要强化农业民营企业的创新主体地位，支持企业开展创新活动，有效促进生产与需求的精准有效对接，促进行业传统领域与新兴发展领域深度融合，有效推动农业产业体系下新技术、新业态蓬勃发展。着力推动农业民营企业占领科技创新高地，提升融入新发展格局的能力和水平。引导农业民营企业加大新技术、新工艺、新产品的应用和推广力度，积极推进农业民营企业研发中心建设，瞄准农业发展方向，提高企业原始创新、集成创新和引进消化吸收再创新能力。要切实推动农业民营企业的创新变革，尤其要注重管理理念、发展战略、组织机构、人力资源、企业文化、国际推广等的革新，从根本上增强农业民营企业可持续发展的能力。

（四）促进国内国际双循环，构建农业产业高水平开放体系

以国内大循环为主体，不是关起门来封闭运行，而是通过发挥产业内需潜力，使国内农业市场和国际农业市场更好地联通，更好地利用国际国内两个市场、两种资源，这为农业民营企业把握时代大势、树立新发展理念、提高经营能力、促进转型升级提供了难得的历史契机。农业民营企业需要在进一步扩

大开放中更好地利用国际国内两个市场、两种资源，实现可持续发展。要在农业开放合作中实现共同发展，农业民营企业应积极参与不同所有制企业在产业整合、转型升级、股权投资、科技创新、人才培养等方面的深度合作，立足中国大农业市场，全面拓展国际视野，在构建新发展格局中展现新作为，不断完善基于产业链、价值链、创新链的全球化布局，推动技术、管理、金融等资源全球化配置，主动对接国际农业市场需求，积极参与全球竞争，实现发展水平的跃升。此外构建新发展格局，对农业民营企业的综合素质、创新能力和决策管理水平提出了更高的要求。要引导农业民营企业大力弘扬企业家精神，成为新时代构建新发展格局、推动高质量发展的有力贡献者。提高把握国际农业市场动向和行业需求的能力，提高把握国际经贸规则的能力，提高国际农业市场开拓能力，提高防范国际农业市场风险的能力，推动企业在更高水平的对外开放中实现更好地发展；引导农业民营企业积极履行社会责任，在海外讲好故事，传播我国农业致力于可持续发展的声音，尽力当好中国展现企业发展担当的生动讲述者、自觉传播者。

三　提升我国农业民营企业融入新发展格局的能力的对策

破解我国农业民营企业融入新发展格局的难题，必须全面落实习近平总书记关于民营经济发展的重要指示精神，坚持"两个毫不动摇"，坚持国有资本、民营资本一视同仁，充分发挥市场配置资源的决定性作用，针对农业产业运行规律，重点围绕降低成本、破解壁垒、开拓市场、促进创新、保障权益、加强管理等各方面工作，从根本上有效提升农业民营企业风险应对能力，从而助推农业高质量发展。

（一）强化对农业民营企业的扶持政策要素

针对农业民营企业的优惠政策的落实事关能否把党中央鼓励支持农业产业和民营经济发展的重大决策部署落实到底，成为评判支持民营企业发展方针成效的重要环节，是党和政府最为关注的重点问题。因此要确保惠企政策能够管用且有效，致力于构建强有力的保障机制。各地在探索实践中也逐步积累了一系列推动惠企扶持政策有效落实的经验，主要表现在以"因企制宜"、灵活多样为着力点，强化农业民营企业及民间投资相关政策落地的"精、准、实"。多年来，从中央到地方出台的一系列促进民营经济发展的政策措施同样也能惠及农业民营企业，关键是实现政策落地的"精、准、实"。"精"就是要不求政策数量，但求管用；"准"就是谁需要就给谁，政策极具针对性；"实"就是使政策真真正正地落实到农业民营企业，成效得以彰显。注重强化政策落地的"精、准、实"，一方面国家、省区市有关部门在针对农业出台政策实施细则过程中，不是简单地做号召性表述，而是有针对性地提出配套措施，明确"帮什么、由谁帮、帮到哪"，充分体现预期效果，防止政策"悬空"弱化；另一方面充分利用媒体或宣讲会等，针对不同企业、产业的特点和需求，"因企制宜"地开展"政策落实进企业"活动，在政策宣讲和解读中实现政府与企业的互动，使宣讲解读成为政策落实的矫正器和加速器，让企业熟悉知晓政策、用足用好政策，再配之以督促考核的强化措施，针对懒政怠政和政策不落实等情况，及时开展督查，强化问责。

（二）强化农业民营企业融资支持要素

以拓宽融资渠道、创新融资服务为发力点，全力破解农业民营企业融资难、融资贵问题。多年来，与农业国有企业相比，农业民营企业融资服务有待优化特别是中小微企业在利率水平、服务事项费用等方面的综合融资成本仍然偏高。一是大力拓宽民企融资渠道。探索推动多元融资渠道，强化对农业民营企业的全方位支持，发挥资本市场在农业民营企业发展中的融资优势，优化农业资本市场支持机制，为孵化期的农业民营企业提供融资担保，对接创投、天使资金渠道，确保农业民营企业发展壮大，及时给予培训支持，推动优质创新型农业民营企业上市融资，增强资金保障。二是增强政银企对接实效。推动形成政银企协调配合机制，形成三方有效衔接的良性发展格局，切实为农业民营企业和民间资本牵线搭桥，消除农业民营企业发展的后顾之忧。三是建立健全对小额贷款创业扶持资金、企业调贷资金池等的应急保障机制，防范化解农业民营企业发展风险。

（三）强化社会舆论要素

营造和谐稳定、敢闯敢干的社会环境和社会氛围是推动农业民营企业持续健康发展的精神动力和前提保障。一是营造全社会敢为人先、敢闯敢干的干事创业氛围。围绕民资问题，各地以谋划推动深入开展解放思想大讨论为契机，依托电视、电台、报纸等传统媒体和新媒体等载体，全面组织党政机关、社会团体、市民群众等认真开展对农业民营企业"解放思想、改革创新、扩大开放、担当实干"等工作方针的宣传活动，凝聚起农业领域正确看待民资、推动包容发展的精神劲头，为推动农业民营企业健康持续发展、促进企业家更好成长营造良好的氛围。二是着力增强创业守法意识。开展服务农业民营企业创业守法教育，严厉打击影响企业生产安全秩序或项目建设进度的各类行为，充分保障农业民营企业生产安全和财产安全。三是依法严厉打击违规经营失信行为，加大对破坏社会诚信体系的各类行为主体的处罚力度，从根源上革除乱市场规则、钻法律漏洞的土壤，维护正常的经济秩序和社会秩序，为持续优化营商环境创造良好的条件。

参考文献

《加快构建新发展格局——论学习贯彻党的十九届五中全会精神》，《人民日报》2020 年 11 月 3 日。

辜胜阻、李俊杰、郑凌云：《我国民营经济的发展趋势和战略转型》，《宏观经济研究》2006 年第 1 期。

王贝贝：《网络营销下的饲料企业发展路径》，《中国饲料》2021 年第 12 期。

王艳：《区域经济发展对民营饲料企业的影响研究》，《中国饲料》2021 年第 9 期。

贾康:《双循环发展需要使民营企业继续吃好定心丸》,《中央社会主义学院学报》2021年第2期。

唐佳:《"互联网+"背景下饲料企业的转型与升级》,《中国饲料》2021年第9期。

吴跃农:《民营经济在构建"双循环"新发展格局中的新机遇新作为》,《中共南京市委党校学报》2021年第2期。

佟光霁、周伦政:《双循环背景下我国粮食安全:现状、挑战及保障路径》,《学术交流》2021年第1期。

杨琴、徐晓俊:《双循环发展战略下中国林业经济转型思考》,《林产工业》2021年第9期。

章印:《区块链技术在农业产业链双循环格局中的应用》,《重庆工商大学学报》(社会科学版)2022年第2期。

闫晓平:《新发展格局背景下乡村振兴路径的探索》,《经济师》2021年第9期。

朱晨笛、宋兆翔:《双循环新发展格局背景下国有农场高质量发展的路径及机遇——以河南省黄泛区农场为例》,《中国农垦》2021年第8期。

李艳、罗唯:《双循环新格局下我国农业产业发展对策研究》,《当代农村财经》2021年第8期。

胡祎:《畅通农业"双循环"系统的现实逻辑与发展思路》,《重庆社会科学》2021年第7期。

何亚莉、杨肃昌:《"双循环"场景下农业产业链韧性锻铸研究》,《农业经济问题》2021年第10期。

会议综述

县域发展促进共同富裕：
形势任务、关键问题和战略选择

——县域发展与共同富裕研讨会
暨第十八届全国社科农经协作网络大会会议综述

芦千文[*]

中国式现代化是全体人民共同富裕的现代化。实现全体人民共同富裕是中国式现代化的本质要求。全面建设社会主义现代化国家，最艰巨最繁重的任务在农村，需要以加快县域发展促进乡村全面振兴，畅通城乡要素流动，推动城乡融合和区域协调发展，为实现全体人民共同富裕奠定坚实的基础。县域发展与共同富裕是着力推动高质量发展的重大时代课题。2022年12月9日，由中国社会科学院农村发展研究所、中国社会科学院城乡发展一体化智库、广西社会科学院主办，中共田东县委员会、田东县人民政府、广西社会科学院农业农村研究所、广西乡村建设研究会承办的第十八届全国社科农经协作网络大会以线下线上相结合的方式召开，线下会议地点设在广西南宁市，同时进行线上会议直播。来自中国社会科学院、农业农村部、国务院发展研究中心、国家发改委、全国地方社科院、田东县委县政府、高校和科

---

    * 芦千文，中国社会科学院农村发展研究所助理研究员，主要研究方向为乡村产业发展、土地托管。

研单位等 100 多名专家学者参加了会议，并围绕县域发展与共同富裕进行了深入研讨。会上中国社会科学院党组成员、副院长、学部委员，中国社会科学院大学党委书记高培勇，农业农村部总畜牧师、农村合作经济指导司司长张天佐，广西社会科学院党组书记、院长陈立生，田东县委书记欧阳可爽致辞。中国社会科学院国家高端智库首席专家、学部委员，城乡发展一体化智库理事长蔡昉以"破除城乡二元结构"为题作了主旨演讲。中国社会科学院农村发展研究所所长、城乡发展一体化智库常务副理事长魏后凯，国务院发展研究中心农村经济研究部部长、研究员叶兴庆，国家发改委中国宏观经济研究院产业经济研究所副所长、研究员姜长云，河南省社会科学院党委书记阮金泉，广西壮族自治区农业科学院党组副书记、副院长林树恒，四川省社会科学院研究员郭晓鸣，中共广西区委党校经济学教研部教授凌经球，田东县委副书记、县人民政府党组书记、县长韩启强作了专题报告。中国社会科学院农村发展研究所党委书记、副所长杜志雄作总结发言。同时，会议围绕县域高质量发展、农民农村共同富裕、建设农业强国与农业农村现代化等专题组织了三个平行分论坛，来自全国社科系统的 18 位专家学者进行了交流发言。本次会议还收到会议论文 58 篇。现将与会专家学者和会议论文的主要观点予以综述。

一 县域发展促进共同富裕的重大意义

县域是指县（自治县、民族县、旗等）和县级市。截至 2021 年底，中国有县级市 394 个、县 1301 个、自治县 117 个，合计 1812 个。县域在推动经济社会发展中发挥着重要作用，是实现全体人民共同富裕的关键载体。城乡区域发展差距是中国发展不平衡不充分问题的突出表现。党的二十大报告把推进城乡融合和区域协调发展作为高质量发展的重要内容。高培勇认为，推动县域经济高质量发展是城乡融合和区域协调发展的着力点，是扎实推进共同富裕的关键环节。以县域为基本单元推进城乡融合发展，推动乡村全面振兴，构建新型工农城乡关系，能够为顺利实现全体人民共同富裕创造有利条件。陈立生认为，扎实推动县域共同富裕是巩固党长期执政地位的根本要求，是统筹城乡协调发展的应有之义，更是推进县域治理体系和治理能力现代化的重要内容。阮金泉认为共同富裕的制约点在城乡居民收入差距，而县域经济发展是增强区域经济竞争力、实现富民增收的主要渠道，为此发展壮大县域经济，对缩小城乡差距、实现共同富裕具有重大的现实意义。

（一）县域是富民强国的基石

郡县治则天下安，县域富则国家强。县域要素完整，功能齐备，是发展经济、保障民生、维护稳定、促进国家长治久安的重要基础。陈立生认为，作为政治、经济、社会目标的基本执行单元，县域的兴衰关系全局，在推动经济社会发展中发挥着重要作用。县域面积比较广，人口多，经济总量较大。2019年，县和县级市面积占全国面积的90%，县域户籍人口占全国人口的73%，县域 GDP 占全国 GDP 的49%。县域经济是国民经济的基础，应高度重视县域经济发展。魏后凯提出，从广东、浙江、江苏等的发展经验来看，省域经济强，更多强在县域经济；县域经济强，更多强在镇域经济；镇域经济强，与村域经济密切相关。只有县、镇、村都发展好，才能为建成社会主义现代化强国、实现全体人民共同富裕奠定坚实的基础。杜志雄认为，从实现共同富裕的角度来看，由于我国幅员辽阔，多数地区县域经济发展水平还相对较低，要扎实推动共同富裕，就要以县域经济的发展为支撑。郭晓鸣认为，大力激发县域经济活力，促进县域经济可持续发展，毫无疑问应当是我国实现中国式现代化，特别是实施强国战略的重要选择。

（二）县域是新型城镇化的重要载体

魏后凯认为，中国城镇化正处于从高速度向高质量转型的关键时期，有两个明显的转型趋势：一是从异地城镇化转向就地就近城镇化。从劳动力流动来看，外出农民工占农民工总量的比重持续下降，从 2008 年的 62.3% 下降到

2021 年的 58.7%；外出农民工跨省流动比重下降，从 2009 年的 51.2% 下降到 2021 年的 41.5%；跨省农民工占农民工总量的比重下降，从 2009 年的 32.4% 下降到 2021 年的 24.4%。二是从注重中心城市发展转向以县城为重要载体。县城是未来吸纳新增城镇人口的重要载体。作为县域政治、经济、文化和交通中心，县城是驱动县域经济发展的增长极、县域综合服务中心和治理控制中心，在县域发展中发挥着枢纽和统领作用，并且县城的基础设施、公共服务相较于建制镇更好。因此，党的二十大报告明确提出"推进以县城为重要载体的城镇化建设"。县城与县域的发展越来越得到重视。以县城为重要载体的城镇化，是中国特色新型城镇化道路的重要特征。

（三）县域是城乡融合的重要切入点

蔡昉认为，城乡二元结构充满中国特色，破除城乡二元结构具有紧迫性，既是现代化的任务，也是现代化的目标。当前中国正处于破除城乡二元结构、缩小城乡发展差距的"窗口期"。陈立生认为缩小地区差距、城乡差距是实现共同富裕的主攻方向。魏后凯认为，县域地域范围适中，城乡联系紧密，融合和迁移成本低，是推动城乡融合的最佳地域单元，党的二十大报告已经把"城乡融合发展"思想体现在要素流动、公共服务、精神文明建设、文化保护传承、就业政策、社会保障、人居环境治理、社区治理等各个领域，没有再分城乡来部署。杜志雄认为，乡村振兴战略和新型城镇化战略是实现中国式农业农村现代化建设目标的两大重要战略支柱，两者的结合点在城乡融合发展，县域经济发展与城乡融合、乡村振兴一脉相承、相辅相成，县域空间是促进城乡融合、推进乡村振兴、实现高质量发展的重要现实场景。城乡融合不是抽象的融合，而是要在具体的、现实可操作的空间，这个空间就是县域，要以县域为基本单元，推进城乡融合发展。为此，习近平总书记强调"要把县域作为城乡融合发展的重要切入点，推进空间布局、产业发展、基础设施等县域统筹，把城乡关系摆布好处理好，一体设计、一并推进"。

（四）县域是乡村振兴的战略支点

县域对全面推进乡村振兴的重要性愈发凸显。张天佐认为，全面推进乡村振兴、加快建设农业强国是中央立足于国情农情作出的战略部署，是建设社会主义现代化强国的重大举措，是保障国家粮食和重要农产品有效供给以及提升我国农业竞争力的必然要求。阮金泉认为，从空间角度看，农业主要集中分布在县域，农村主体分布在县域，农民多数生活在县域。县域经济发展与乡村振兴联系紧密，发展壮大县域经济是乡村振兴的必由之路。郭晓鸣认为，就历史和现实来看，县域经济是城市和乡村、城镇经济和农村经济、宏观经济和微观经济的结合部，既是国民经济的重要组成部分，更是乡村振兴战略的支点。产业是乡村振兴的基础。姜长云，认为推进中国式农业农村现代化，发展本土根植性的乡村产业具有植根固本铸魂的作用。县域产业是推进乡村全面振兴、挖掘乡村功能价值的凝聚核。县域产业发展有利于凸显乡村的特色和魅力，并通过就地就近转移就业促进县域城镇化，规避"三留守"（留守儿童、留守妇女、留守老人）问题，吸引部分城市人口下乡，提高农村居民素质，增进农村居民的福祉。

（五）县域是内生循环的关键环节

杜志雄认为，县域经济在未来中国经济构建双循环新格局中的地位和作用将不断提升和增强，县域经济衔接起农村与城市，是实现双循环的重要载体，县域范围内的零售商品总额占全国的50%以上。叶兴庆认为，畅通城乡要素流动是增强国内大循环内生动力和可靠性的迫切需要，劳动力从边际生产率低的乡村进一步向边际生产率高的城市转移，可以为更有效率的城市经济活动提供土地要素保障，提高包括农民自有资金和城市资本在内的市场化资金的配置效率，提高财政性资金分配的公平性。畅通城乡要素流动也是全面推进乡村振兴的迫切需要，通过"新农人"入乡、"新乡贤"回乡、城市人才下乡，使土地增值收益通过多种途径流回农村，解决乡村全面振兴面临的要素紧缺难题。县城是连接城市与乡村的重要纽带和桥梁，县域是城乡在空间的结合点。县城和县域都是畅通城乡要素流动、实现国内经济大循环的关键所在。阮金泉认为，县域经济是畅通内外双循环的"压舱石"。加快融入和服务以国内大循环为主体、国内国际双循环相互促进的新发展格局，是县域经济发展的必然选择。

二 县域发展促进共同富裕的关键问题

县域发展与城市发展、乡村振兴相互交织、相互影响，对此，与会专家进行了深入讨论，认为县域发展促进共同富裕面临如下问题和挑战。

（一）城乡发展差距问题

魏后凯认为，城乡发展差距主要体现为县域和农村之间的发展差距，城市间发展差距相对要小一些。城乡发展差距的核心问题是城乡二元结构。蔡昉以人均 GDP 在 12000 美元~23000 美元的国家为参照，发现中国城乡二元结构的主要特征是整体劳动生产率低、城镇化水平低、农业劳动力占比高、政府社会性支出水平低。据世界银行公布的数据，中国经济的整体劳动生产率是参照国家平均水平的 48%，农业劳动生产率是平均水平的 29%，常住人口城镇化率是平均水平的 87%（户籍人口城镇化率差距更大），农业劳动力占劳动力的比重是平均水平的 3.57 倍，政府财政支出占 GDP 的比重是平均水平的 97%，考虑到中国政府支出大部分用于经济建设，社会性支出占财政支出的比重比平均水平低了约 10 个百分点。

（二）县域发展相对落后问题

目前，县域发展水平较低，2019 年县域人均 GDP 相当于全国人均 GDP 的 67.4%。这意味着县域发展潜力较大，但县域发展相对落后甚至衰败的问题值得关注。魏后凯认为，在过去以市管县为主的体制下，注重中心城市的发展，资金、人才、土地等都向中心城市集中，产生了市区对县域的虹吸效应，限制了县域发展。资源配置偏向行政中心和中心城市，加上镇区（除县城外）平均规模太小（平均不到1万人，2.3平方公里）、缺乏产业支撑和就业岗位、基础设施和公共服务发展滞后，导致县域发展相对落后。姜长云认为，除少数宜居城郊外，在产业缺乏特色和竞争力的地方，很容易因城市对资源、要素和人才的虹吸效应而陷入萧条，特别是交通越发达，虹吸效应越严重。郭晓鸣认为，县域经济实现了长足发展，但总体上产业层次较低、开放程度不够、区域竞争力不强等问题突出，普遍面临增长模式由数量扩张向质量提升转化、城乡关系由城乡分割向城乡融合转化的严峻挑战。特别是大多数县域的基础设施建设滞后，公共服务配套不足、城市管理水平较低，导致县城作为城乡之间的纽带作用趋于削弱，制约县域集聚产业和人口的基本能力，成为我国在区域经济均衡发展和城镇化高质量推进中必须要突破的重要瓶颈。

（三）农业效益较低问题

蔡昉认为，农业是乡村振兴的产业抓手，影响农业现代化的最根本、最关键的问题是农业劳动生产率低，使农业不能成为贡献农民收入增量的主要部分。农业劳动生产率低是农业比较收益低的根本原因，而不是表面上的农产品价格问题。目前，就比较劳动生产率（产业增加值占比和产业劳动力占比的比值）来看，第一产业为0.3，远低于第二产业的1.4和第三产业的1.1。农业劳动生产率难以提高，农业比较收益难以提高，主要是因为人均经营土地规模太小。按照世界银行标准，两公顷以下的是超小土地所有者，中国的户均承包面积为0.67公顷，只有超小土地所有者标准1/3的水平。在这样小规模的土地上进行农业生产经营，不仅劳动力过剩，资本等其他要素同样也过剩，造成明显的资本报酬递减现象，结果自然表现为劳动生产率低。此外，农业劳动生产率低，导致农业机械等资本投入具有不可持续性，农业技术进步受阻，市场创新激励不足。

（四）县域产业发展问题

姜长云认为，以共同富裕为导向，乡村产业发展面临的问题有：一是将农业及其关联产业的发展排斥在乡村产业发展之外，盲目要求农业退出乡村、乡村向城镇看齐，甚至将农业农村现代化简单等同于农村现代化，导致农业结构越来越单一化，农业生态功能和文化传承功能下降。二是片面追求扩大农业或乡村产业组织规模，抬高农民参与乡村产业发展的门槛，推动小农户过快退出农业，导致农户就业能力提升速度慢于退出农业速度、乡村特色资源开发和综合利用不够，限制乡村经济多元化综合化发展。三是片面追求行业规模扩张和数量增长，部分乡村产业同质化竞争和产能过剩问题加剧，影响农民就业增收。四是营商环境和基础设施、公共服务等亟待改善，许多企业不注意利益联结，只注重与农户利益联结的紧密性，忽视了稳定性，只注意给农民发钱，不注意提升其就业能力。五是乡村产业支持政策的针对性和有效性不够，过分追求产业组织做大做强，对提升产业链供应链现代化水平、带动农民共同富裕发挥引领带动作用重视不够，对支持乡村小微企业、庭院经济、手工作坊等乡村非正规组织发展乡土特色经济重视不够，且部分政策缺少相应的实施机制。林树恒认为，发展现代农业、建设农业强国面临着农业高质量发展与相对落后生产方式的矛盾、新业态不断涌现与经营服务人才缺乏的矛盾、农业生产成本抬升与社会服务不到位的矛盾、产业链延伸发展与联农带农机制不全的矛盾，并以广西为例说明现代农业发展存在产业大而不强、产品多而不精、科技贡献仍不高、设施装备仍不精、三产联动仍需深化、抗风险能力不强等问题。郭晓鸣认为，县域产业政策仍存在较强的偏工业化倾向，县域出现浅度融合和低端化发展问题。凌经球认为，脱贫地区面临确保粮食安全与加快产业发展、持续增加农民收入的平衡难题。

（五）城乡要素流动问题

郭晓鸣认为，改革开放以来，在迅速工业化、城市化过程中，政府推动各种资源优先流向城市和工业，在要素配置上存在对农业农村发展不同程度的抑制问题，导致城乡之间形成较为严重的分割和对立关系。县域空间功能互补格局尚未形成，大城市与县域间仍呈现较为显著的"中心—外围"格局，县域间低水平竞争和同质化发展问题有待破解，县域内部县城、乡镇与村庄之间的结构功能仍待优化。叶兴庆认为，目前城乡要素流动领域的深化改革还没有到位，人的双向流动、地的城乡流动、资本的城乡流动还不能适应提高现代化效率、实现共同富裕目标的要求。郭晓鸣认为，城乡土地要素交换仍受到较强的行政干预，县域人才外流问题较为严重；农村金融供给不足无法满足乡村产业振兴需求，县级财力不足导致公共供给不足，农村公共品供给未能与农村生产生活方式变化相适应。姜长云认为，乡村企业布局分散，基础设施和公共服务发展滞后，增加运行成本和发展风险，妨碍人才、优质要素进入乡村产业，影响市场渠道开拓和价值链升级。蔡昉认为，传统思维和认识误区是限制城乡要素流动的重要原因，如担心取消农村要素流动的制度障碍后，会造成农村要素只有外流没有内流，使农业农村得不到充足的生产要素供给，但制止流动的结果是生产要素市场变成死水一潭，"捧着金碗要饭吃"，实际上城乡资源流动已经不再仅仅是单向的，资本、人才都在下乡；防止资本从农业农村外流的措施，有自相矛盾之处，如主张小微金融机构解决农户的金融需求问题，或者主张国家商业银行和政策性银行履行扶农助农帮农的社会责任，不管是"以小对小"还是"屈尊俯就"的农业金融理念，都不符合自主自立可持续发展的内在要求。

三 县域发展促进共同富裕的路径

与会专家围绕县域发展如何促进共同富裕进行了深入讨论，一致认为要把县域作为城乡融合发展的重要切入点，发挥县城连接城市、服务乡村的作用，增强对乡村的辐射带动能力，以县域高质量发展促进全体人民共同富裕。蔡昉认为，应持续推进以人为核心的新型城镇化，推动农业劳动力转移，缩小城乡劳动生产率差距，以显著增加政府社会性支出实现城乡平衡发展。陈立生认为，促进县域共同富裕需要寻找出一条兼具平衡性、协调性和包容性的高质量发展路径。

（一）双轮驱动县域城乡融合

魏后凯认为，需要把新型城镇化战略与乡村振兴战略作为两个轮子，将两者有机结合起来，推动县域内的城乡融合发展。具体而言，就是以新型城镇化引领乡村振兴，同时通过乡村振兴为新型城镇化提供重要支撑，以城乡功能布局一体化、城乡要素流动便利化、城乡资源配置均衡化、城乡产业发展融合化、城乡融合模式多元化为基本方向，促进城乡融合迈上新台阶。郭晓鸣认为，县域城乡融合发展是以县域空间为基本单元，以乡村全面振兴和城乡共同富裕为指向，以农业农村优先发展和城乡经济社会有机联结为原则，以县域为中心、以乡镇为纽带、以村庄为腹地，以县域内城乡空间优化、要素自由流动、产业协同发展、基础设施和公共服务科学供给为主要内容，具有区域空间发展的系统协调性、县域城乡融合发展的阶段渐进性、城乡要素交换的双向自由性、不同区域城乡融合路径的多样性等基本特征。以四川为例，郭晓鸣认为，县域城乡融合发展的重点突破，一是以县域间分类发展与协同发展相结合建立区域联动发展机制；二是以特色优势产业培育和公共品供给优化提高县域人口集聚能力；三是以系统集成推进体制机制改革构建县域城乡要素双向流动格局；四是以巩固拓展脱贫攻坚成果和乡村振兴有效衔接筑牢脱贫县城乡融合发展基础。杜志雄认为，产业融合是县域城乡融合的核心。

（二）提高整体劳动生产率

蔡昉认为，到 2035 年基本实现社会主义现代化，是消除城乡二元结构的窗口期，既是一个关键的时间节点，也是重要的发展机遇期。首先，必须提高整体劳动生产率，缩小与参照国家特别是发达国家的整体劳动生产率差距。其次，继续转移农业剩余劳动力，提高农业劳动生产率，优化劳动力在不同产业的资源配置，为提高整体劳动生产率做出贡献。提高农业劳动生产率的根本路径包括：一是继续转移农业劳动力，减少务农人数，降低农业劳动力比重；二是在不增加生产要素投入的前提下，增加农产品产出，提高农产品价值。考虑到农业的特殊性，提高农业劳动生产率，既要把农业放在市场经济框架下，发挥市场配置资源的决定性作用，靠市场提高效率，也要靠政策扶持和企业承担社会责任，推动农业劳动力转移。

（三）推进以县城为重要载体的新型城镇化

蔡昉认为，城乡要素是双向流动，但人口迁移和劳动力流动是单向的。目前，中国人均 GDP 已经超过 12000 美元，相比参照国家，中国城镇化率还不够高，农业劳动力比重过高，在未来的"窗口期"，要缩小与人均 GDP 处在 1.2 万 ~2.3 万美元区间的国家的差距，就需要提高 5.5 个百分点的城市化率和降低 18.2 个百分点的农业就业比重，为此，要继续推进城镇化，提高城镇化率，缩小户籍城镇化率与常住人口城镇化率的差距。新型城镇化的红利仍然存在，可以直接促进农业农村发展，提高中国经济增长速度。从供给侧来看，推进城镇化，转移农业劳动力，可以增加非农产业劳动力供给，农业劳动力比重每降低 1 个百分点可增加 800 多万名非农劳动力。这就可以打破对中国经济增长前景的悲观预测。从需求侧来看，经过户籍制度改革让农民工成为市民，有利于提高基本公共服务供给的均等性，市民化农民工的消费明显增长，破除消费和社会总需求不足对经济增长的制约。据 OECD 测算，农民工进城和取得市民身份的两步城镇化能各提高消费近 30%。魏后凯认为，要充分发挥县城的重要载体作用，一是实行县域差别化战略，落实国土空间规划，明确县域和县城的功能和地位；二是强化县城的中心功能，加强基础设施建设，提高公共服务水平和质量，增强县城的中心功能和综合服务能力，提高县城的人口吸纳能力和吸引力，辐射带动县域内的小城镇和乡村发展；三是赋予县城更多资源整合使用的自主权；四是在发挥现成的中心功能的同时，防止资源过度集中从而产生新的"虹吸"效应；五是增强县城产业支撑能力，建立各具特色、符合主体功能定位的现代产业体系。

（四）加快推进农业现代化

阮金泉认为，要把县域经济作为实现共同富裕的支撑点，把农业更多地纳入产业链价值链，带动农民持续增收，实现共同富裕。林树恒认为，供给保障强、科技装备强、经营体系强、产业韧性强是农业强国的典型特征，加快建设农业强国要立足强国之本加强供给保障，抓住关键变量强化科技装备，着眼富民之要完善经营体系，聚焦三产融合增强产业韧性。

（五）畅通城乡要素流通

蔡昉认为，破除传统"迷思"，把农业农村的生产要素动员出来、释放出来，产生更高的效率，提高农业农村生产力。一是不能再简单地限制农村要素流动，承包地、宅基地和集体经营性建设用地是农民增收的财产权益和乡村振兴的资源，不能只作为保障性权益，应发挥其作为生产要素的功能。二是改造农业生产方式，使其与现代金融相适应，破解农业金融发展难题，真正发挥金融机构促进农业现代化的作用。只要有适宜的激励机制，越是大型的金融机构越有能力和空间开展技术创新。三是在坚持工业反哺农业、城市支持乡村的同时，通过增加社会性支出增强政府责任，提高城乡基本公共服务均等化程度，实现城乡平衡发展。缩小基本公共服务差距，是彻底破除城乡二元结构的重要内容。"瓦格纳定律"[①] 在中国语境下的含义可称为瓦格纳加速期，其中一个重点就是消除破除城乡二元结构，完成建设福利国家任务，由政府承担社会性支出责任。叶兴庆认为，畅通城乡要素流动，要坚持正确的价值取向，一是促进"人"在城乡之间流动，应遵循城市化大趋势，继续降低乡村人口总量及其占比，优化乡村人口和社会结构，引导"新农人"、"新乡贤"、市民下乡，但要避免与世居村民争资源；二是促进"地"在城乡之间流动，既要着眼于分享土

---

①　随着人均 GDP 的提高，政府支出占 GDP 比重提高，即健康、文化、教育和社会保护支出（即社会福利相关支出）占政府全部支出的比重也提高，该规律性现象叫作"瓦格纳定律"。从各国数据来看，政府支出特别是在社会性方面的支出提高最快的时期是人均 GDP 在 10000~23000 美元的区间，也就是从现在开始到 2035 年的发展阶段。

地城市化所产生的增值收益，也要兼顾乡村振兴对建设用地的需求，还要严守耕地红线；三是促进"钱"在城乡之间流动，要适度容忍农村基础设施和公共服务的高成本，处理好公平与效率的关系，资本下乡在追求合理回报的同时要注重带动小农而不是排挤小农。

四 县域发展促进共同富裕的对策建议

与会专家围绕县域发展促进共同富裕提出了以下对策建议。

（一）构建县域城乡融合新格局

魏后凯认为，要推动城乡功能布局一体化，明确城乡功能定位，以县城为中心、乡镇为纽带、村庄为腹地，促进县乡村功能衔接互补和布局一体化。增强县城的中心功能和综合服务能力，充分发挥县城在城乡融合中的枢纽作用，支持有条件的县城按照现代化小城市标准进行规划建设；建制镇镇区和乡所在地作用连接城乡的纽带，应建设成为服务农民的综合中心；村庄核心功能是保障农产品供应和生态安全、传承农耕文明，应着重建设成为宜居宜业宜游的生态田园和幸福家园。郭晓鸣认为，要形成城—镇—村梯次衔接的空间布局，构建"县城—中心、特色镇—村"梯度辐射、层次分明、功能互补、多种资源优化配置的城乡产业发展和公共服务供给体系。阮金泉认为，要加快城市产业与乡村产业、城市要素与乡村要素的高效衔接。

（二）推动县域产业高质量发展

县域经济能否兴旺发达关键在于是否有坚实的产业支撑。姜长云认为，以促进农民农村共同富裕为导向促进乡村产业高质量发展，一是高度重视农业在经济发展和乡村振兴中的功能作用，采取有效措施促进农业农村经济多元化、综合化和融合化。二是顺应消费结构升级和消费需求分化趋势，推进乡村产业适地适度发展，注重因地制宜、精准施策。三是引导不同类型产业组织

213

公平竞争、优势互补,将鼓励领航企业、新型经营主体增强引导带动作用同加强对小微企业等乡土特色经济的支持结合起来。四是强化粮食安全底线、防范规模性返贫底线的产业发展底线思维,完善利益联结机制,推动乡村产业发展更好地带动农民共同富裕。五是加强对国内外发展环境、发展趋势的超前和预警研究,将推动政策落实与打好政策创新的提前量结合起来。六是优化宏观调控,科学把握政策出台的时机、节奏和力度。七是加强对农业农村经济和农民工就业创新的政策支持,创新农业农村发展的投入保障机制。八是稳定预期、优化营商环境和产业生态。企业家是推进产业高质量发展的中坚力量,"企业家+产权改革+产业集群+区域创新能力+虚拟市场体系"是县域经济的核心竞争力。优化营商环境是推进产业高质量发展的基础。郭晓鸣认为,重点推进县域城乡产业融合发展载体建设,将产业园区作为城乡产业融合的重要载体,提升城乡产业协同发展平台的核心竞争力。魏后凯认为,要推动县域城乡产业融合化,形成各具特色、符合主体功能定位的现代优势产业群,立足县域资源、生态和成本优势,以县城为重要载体;把农产品加工环节和增值收益更多地留在县域,推动人产城全面融合,不断提升县域就业吸纳能力。构建以工促农、以城带乡、以企帮村的城乡产业深度融合机制,充分挖掘农业的多维功能,大力发展生态农业、休闲农业、创意农业和智慧农业,推动农业与二三产业深度融合,强化农超对接、农社对接,完善农产品冷链物流体系,促进农业产业链条纵横向融合和一体化。让广大农民更多地分享产业链增值收益,鼓励龙头企业和下乡资本扎根乡村,与合作社、村集体、农民等形成利益共同体。

(三)促进城乡要素便捷化流动

魏后凯认为,要有序推进农民进城、人才和资本下乡,建立城乡统一的要素市场,促进城乡要素从单向流动向双向自由流动转变。要加快推进在县域就业的农民工就地市民化,鼓励农民工返乡就业创业,引导城市居民下乡消费和养老,促进城市各类人才广泛参与乡村振兴,如投资和技术入股、经济合作、兼职兼薪、离岗创业、定期服务、交流轮岗等。尽快破解县域资金外流与农民贷款难的矛盾，鼓励和支持城市资本下乡，建立乡村振兴的多元化投融资机制。推动进城落户农民"三权"依规自愿有偿退出，尽快打通进城落户农民农村宅基地退出和集体经营性建设用地入市之间的通道。叶兴庆认为，畅通城乡人口流动，要转变城市户籍制度改革思路，把着力点放在推进城市公共服务全覆盖上，改进人地和人钱挂钩机制，建立与常住人口规模正相关的地方税体系；建立农村"三权"市场化退出机制，设立农村"三权"收储基金，建立农村集体经济组织成员加入机制，赋予新成员单项或完整成员权。畅通城乡土地流动，要缩小政府征地权的适用范围，完善被征地农民多元化利益补偿机制，通过将城市化地区土地出让收入的一定比例用于农业农村、促进城乡建设用地增减挂钩结余指标和农村土地整治新增耕地指标跨区域交易等途径，间接分享城市化地区的土地增值收益。同时，深化农村集体经营性建设用地入市制度改革，促进农村集体公益性建设用地、村庄空闲土地、废弃宅基地等就地或易地集中转为经营性建设用地入市；深化农村宅基地"三权分置"改革，探索扩大宅基地使用权转让受让人范围的具体做法。畅通城乡资本流动，要建立健全促进农村储蓄资源转化为农村投资的有效机制，支持和引导社会资本投资农业农村，加强农村社会信用建设，完善农村营商环境，支持和引导农村集体经济组织开展有效投资。郭晓鸣认为，要加快培育县域城乡一体的土地要素市场，减少对城乡土地市场的行政干预，构建县域城乡产业发展与土地有效利用的协同机制；积极创新县域城乡人口迁徙管理制度，构建灵活长效的县域人才政策，推进县域内城乡人口双向自由流动；全面深化县域城乡金融体制改革，扩大农村抵押融资担保业务范围。探索建立基于农村内部的普惠农村金融体系。

（四）实现城乡资源均衡化配置

魏后凯认为，实现城乡资源配置均衡化，要推动县域城乡公共资源配置增量不断向农村倾斜，通过增量调整和存量优化，逐步实现城乡公共资源配置适度均衡。要按常住人口配置公共资源，根据未来城乡人口分布的变化，统筹规划和优化县域内城乡基础设施与公共服务布局。发展条件较好、具有人口集聚趋势的县城和中心镇，要增强产业支撑能力，完善基础设施和公共服务，切实提高人口承载力和吸引力。不同类型村庄，应根据未来人口集聚情况，因地制宜、精准施策，合理布局基础设施和公共服务，缓解乡村公共设施短缺与闲置并存的矛盾。要避免公共资源过度向县城集中，由此加剧县域内发展不平衡，使优质资源难以下沉到其他乡镇和村庄。郭晓鸣认为，构建科学的县域城乡公共品供给制度，加快补短板，提升县城综合承载能力，允许各县域因地制宜地探索农村公共品供给机制创新，切实推进基于常住人口的城市公共服务均等化。同时，以特色优势产业培育和公共品供给优化提高县域人口集聚能力，充分挖掘县域资源禀赋，统筹培育本地产业和承接外部产业转移，促进产业转型升级，培育产业强镇，形成县域发展比较优势，以产业集聚要素、吸引人才，增强县城产业支撑能力，将优化公共服务作为吸引人才进入县域、推动县域城乡融合发展的重要突破口。

（五）创新多元化城乡融合机制

县域数量多，发展类型多样，城乡融合领域广泛，要因地制宜地积极探索各具特色的多元化模式。郭晓鸣认为，要构建协作互补的县域城乡融合发展格局，立足各县城资源环境承载能力、区位条件、产业基础、功能定位，统筹城乡空间规划布局和功能定位，统筹县域生产、生活、生态空间需要，合理确定不同类型县城的差异化城乡融合发展路径。要引导不同类型县域探索符合自身发展规律的路径，如大城市周边县、专业功能县、农产品主产区县、重点生态功能区县、人口流失县、脱贫县等，根据县域发展基础、发展类型和发展需要制定差异化发展战略和政策体系。尤其是高度重视民族地区、革命老区等脱贫县的城乡融合发展，将县域城乡融合发展作为扶贫产业持续发展、脱贫乡村全面振兴的重要牵引，继续完善帮扶政策、工作机制。阮金泉认为，经济实力强的县域，在提高综合承载能力的基础上，培育壮大产业集群和人口规模；产业基础薄弱的县域，在合理控制开发边界的同时，不断提高县域综合承载能力；发展潜力大的重点县域，应完善产业体系和基础设施，不断增强人口集聚能力。魏后凯认为，要构建多元化模式，推动城乡社会事业的协作联合和互促共进，实现城乡融合和一体化发展，积极探索城乡教育共同体、医疗卫生共同体、文化共同体等发展城乡共同体模式；要通过"飞地抱团"、党建联盟等探索建立联村发展机制，探索实行乡村振兴共同体发展模式。叶兴庆认为，要破除"村村振兴"的封闭性和局限性，引导农村集体经济组织走出村域，以产权为纽带到区位条件更好的其他村域联合发展、到县域内甚至市域内的产业园区集聚发展，实现"产权在村、产业出村、收益回村"。

五 县域发展促进共同富裕的研究课题

目前，从县域发展视角促进共同富裕的理论和实践还相对较少，有很多重大的理论和实践问题需要回答。深入研究县域发展促进共同富裕的客观规律，回答理论和实践问题，是哲学社会科学工作者的职责使命。与会专家提出了需要开展研究的重大理论和实践问题。

（一）县域发展促进共同富裕的重大理论与实践问题

高培勇认为，县域发展促进共同富裕的重要问题包括：县域发展促进共同富裕的规律是什么，怎样以县城为重要载体推动新型城镇化，如何以县域城乡融合构建新型工农城乡关系、打通城乡经济循环，如何以县域高质量发展破解县域分化、村庄分化产生的城乡区域协调发展难题，县域发展与乡村振兴的关系是什么、如何处理好二者的关系，如何完善县域功能让农民在城乡之间可进可退、促进农民农村全面发展，如何建立县域发展促进共同富裕的公共政策体系。

（二）推进全面乡村振兴的重大理论与实践问题

党的二十大报告把全面推进乡村振兴提到了统领"三农"工作的战略高度，是新时代"三农"理论的创新发展和集中体现，为开展"三农"政策理论研究提出了新的时代命题。

张天佐认为，围绕全面推进乡村振兴、建设农业强国需要加强顶层设计和政策制度研究。在提升农业供给体系的质量和效率方面，在确保国家粮食安全的基础上，如何构建粮经饲、种养加、农牧渔协调发展的产业布局；如何落实大食物观，全方位、多维度地提高食物保障能力；如何处理好政府与市场的关系，充分调动生产者积极性，推动实现更高水平的供求平衡。在加快农业绿色发展方面，农业绿色发展既是资源环境问题，也是经济问题，要让生产者、消费者自觉主动地把生态环保放在重要的位置上，就必须建立激励有效、约束有力的制度体系。在农业经营体系方面，如何创新农业经营方式和组织形式，完善利益联结机制，加快构建以家庭经营为基础、新型农业经营主体为依托、社会化服务为支撑的现代农业经营体系。新时代全面推进乡村振兴从根本上还要靠深化改革，完善生产者收入补贴、价格保护、保险保障、低收入救助等一系列配套的政策体系；承包地、宅基地两个"三权分置"的有效实现形式，农民依法自愿有偿退出三项权益的机制，与市场竞争相适应的集体经济组织产权结构和管理体制等一系列问题还需要破题；城乡关系，人口、资源、环境与农村发展，要素流动与公共服务均等化等问题仍有待于进一步深化研究。

凌经球认为，当前乡村振兴领域值得关注的重大理论与实践问题包括：一是以中国式现代化全面推进中华民族伟大复兴对乡村振兴提出哪些新要求，其理论逻辑、实践逻辑、历史逻辑是什么？二是"共同富裕"的内涵特征是什么，对乡村振兴提出哪些新的要求，脱贫地区在迈向全面建设社会主义国家的新征程中，如何与全国同步实现共同富裕？三是城乡融合发展与乡村全面振兴作为实现农业农村现代化的"一体两翼"，尚缺乏深度理论探讨和系统机理分析，关于如何"畅通城乡要素流动"、实现"空间布局、产业发展、基础设施"等方面的县域统筹，以及不同地区如何形成各具特色的城乡融合路径等，尚缺乏具有针对性和可操作性的政策研究。四是巩固拓展脱贫攻坚成果必须在全面推进乡村振兴的框架下展开，如何健全与"有效衔接"要求相适应的体制机制亟待深化研究。五是破解确保粮食安全与脱贫地区乡村产业发展难题的研究。

六是健全乡村全面振兴督查考核体制机制问题的研究。目前，对脱贫地区基本上沿用脱贫攻坚的考核办法，导致各地短期行为、应付考核的现象层出不穷。如何适应"三农"工作重心历史性转移的要求，健全乡村全面振兴的督查考核体制机制，亟须开展研究。七是推动特殊区域实现基本公共服务均等化问题的研究。特殊区域是指过去的集中连片特困地区，居住分散，"空心化"严重，如何实现基本公共服务均等化问题，迫切需要进行深入研究。八是建立健全推进乡村建设行动机制问题的研究。如何在规划引领下，有计划、有步骤地在全域实施乡村建设行动，是乡村振兴中亟待破解的难题。

图书在版编目（CIP）数据

县域发展与共同富裕 / 魏后凯，陈立生主编. --北
京：社会科学文献出版社，2023.9
ISBN 978-7-5228-2277-8

Ⅰ.①县… Ⅱ.①魏… ②陈… Ⅲ.①区域经济发展
-田东县②共同富裕-田东县 Ⅳ.①F127.674

中国国家版本馆CIP数据核字（2023）第144664号

县域发展与共同富裕

主　　编 / 魏后凯　陈立生
副 主 编 / 杜　鑫　覃海珊

出 版 人 / 冀祥德
组稿编辑 / 邓泳红
责任编辑 / 吴　敏
责任印制 / 王京美

出　　版 / 社会科学文献出版社（010）59367127
　　　　　　地址：北京市北三环中路甲29号院华龙大厦　邮编：100029
　　　　　　网址：www.ssap.com.cn
发　　行 / 社会科学文献出版社（010）59367028
印　　装 / 三河市龙林印务有限公司

规　　格 / 开　本：787mm×1092mm　1/16
　　　　　　印　张：14.5　字　数：214千字
版　　次 / 2023年9月第1版　2023年9月第1次印刷
书　　号 / ISBN 978-7-5228-2277-8
定　　价 / 89.00元

读者服务电话：4008918866